大数据背景下财务管理专业教学改革研究

陈慧雯 著

东北林业大学出版社
Northeast Forestry University Press
·哈尔滨·

举报电话:0451-82113295

图书在版编目(CIP)数据

大数据背景下财务管理专业教学改革研究 / 陈慧雯著. —哈尔滨 ：东北林业大学出版社，2023.11

ISBN 978-7-5674-3358-8

Ⅰ. ①大… Ⅱ. ①陈… Ⅲ. ①财务管理—教学改革—研究—高等学校 Ⅳ. ①F275

中国国家版本馆 CIP 数据核字(2023)第 233020 号

责任编辑:李嘉欣

封面设计:豫燕川

出版发行:东北林业大学出版社

（哈尔滨市香坊区哈平六道街 6 号　邮编:150040）

印　　装:唐山才智印刷有限公司

开　　本:787 mm×1092 mm　1/16

印　　张:10.75

字　　数:150 千字

版　　次:2025 年 1 月第 1 版

印　　次:2025 年 1 月第 1 次印刷

书　　号:ISBN 978-7-5674-3358-8

定　　价:36.00 元

前言

财务是企业价值运动的中枢，管理是企业机体运行的润滑剂，财务管理是企业内部经营管理的重要组成部分，企业整个机体运行的任何细微变化都能从企业财务活动中显露出来。因此，财务管理工作对于企业来说非常重要。

大数据背景下企业财务管理呈现出财务核算全程自动化、财务决策系统智能化、工作内容转向高价值流程领域等新的特征，各用人单位对财务管理人才的知识构成、能力组合和综合素质提出了更多的要求。鉴于此，各院校财务管理专业应进行教学改革，以期更好地满足经济社会高质量发展对财务人才的需要。

本书是财务管理专业教学方面的书籍，主要研究大数据背景下财务管理专业的教学改革。本书首先对财务管理进行概述，然后分析了大数据对财务管理的影响，之后依次对大数据时代财务管理理念的转变、大数据背景下财务管理人才培养模式、大数据背景下财务管理专业教学模式、大数据背景下财务管理专业实践教学体系构建、大数据背景下财务管理课程教学的改革进行研究。本书结构严谨、内容丰富，对财务管理专业教学改革的实践有一定的理论参考价值。

在本书的写作过程中，作者参阅了相关著作和文献，在此向其作者表示诚挚的感谢和敬意。由于作者水平有限，编写时间仓促，书中难免会有疏漏和不妥之处，恳请广大读者批评指正。

作　者

2023 年 5 月

目录

第一章

财务管理概述

第一节　财务管理的内涵和目标

一、财务管理的内涵

财务管理是企业管理的重要组成部分，在企业管理中具有十分重要的地位和作用。财务管理水平的高低、财务状况的好坏关系到企业的生存和发展。

(一) 财务管理的定义

财务管理是指财务管理的主体（企业或公司）以客观存在的财务活动和财务关系为基础，在一定的环境下，遵循一定的原则，运用科学的方法和手段，通过对财务活动和财务关系的组织与处理，以实现价值最大化为目标而进行的经济管理活动。

(二) 财务管理的特点

1. 财务管理的侧重性

财务管理与企业其他各项管理工作相比，更侧重于价值管理，而非使用价值管理。这一特点在组织财务活动和处理财务关系的过程中体现得尤为明显。

2. 财务管理的综合性

财务管理的综合性的特点既表现为相关财务指标具有很强的综合性，也表现为财务管理的工作环节（职能）需要相互配合，还表现为财务管理工作与企业其他管理工作的相互配合。

3. 财务管理的协调性

从组织财务活动来看，资金筹集是前提基础，资金运用是过程手段，获取收益是根本目的。筹资为投资提供保障，投资为获利和分配奠定基础，三者间表现出高度的协调性。从处理财务关系来看，企业与各方面之间都存在一定的经济利益关系，不同的利益主体因企业的共同利益组合在一起，表现出较强的协调性。

二、财务管理的目标

财务管理目标又称理财目标，是企业进行财务管理活动所要达到的目的，是企业财务管理工作的根本出发点和归宿，也是评价企业财务活动是否合理的标准。从根本上讲，财务管理目标取决于企业目标和特定的社会经济模式。

（一）财务管理目标的作用和特征

1. 财务管理目标的作用

财务管理目标的作用可以概括为以下四个方面。

（1）导向作用。

管理是为了达到某一目的而组织和协调集体做出努力的过程，财务管理目标的首要作用就在于为各层次的管理者指明努力的方向。

（2）激励作用。

制定恰当的财务管理目标是激励企业全体员工的力量源泉，每个职工只有在明确的企业目标的激励下才能被充分调动潜在能力，为企业贡献出最佳的绩效。

（3）凝聚作用。

企业是一个协作系统，只有增强全体成员的凝聚力，才能更好地发挥组织的作用。企业凝聚力的大小受到多种因素的影响，其中一个重要因素就是它的财务管理目标。企业的财务管理目标能充分体现全体职工的共同利益，会极大地激发企业职工的生产经营积极性和创造力，形成强大的凝聚力。

（4）考核作用。

在管理不够规范的企业中，上级领导往往将主观印象和对下级工作的粗略了解作为考核下级业绩的依据，这样不够客观也不科学。以明确的财务管理目标作为绩效考核的标准，就能按职工的实际贡献大小如实地进行评价。

2. 财务管理目标的特征

(1) 阶段性。

企业财务管理的目标是与当时的社会经济环境密切相关的。环境因素的变化往往会引起财务管理目标的变化。我国企业的财务管理目标，实际上也经历了一个渐进的发展阶段。在计划经济体制下，企业围绕国家下达的产值指标运营财务管理目标，可以概括为“产值最大化”。改革开放后，企业财务管理围绕利润进行财务管理的目标是“利润最大化”。随着企业改革的深化，企业逐渐成为自主经营、自负盈亏、独立核算的独立法人，企业在追求利润的同时还必须考虑企业风险的大小，考虑利润与资金占用、成本耗费之间的关系，因而企业财务管理目标开始转向“企业价值最大化”。这些说法在总体上都是以提高经济效益为中心，但在侧重点上又有所不同。值得强调的是，财务管理目标作为人们对客观规律的一种概括，其发展变化是渐进的。当财务管理目标发展到一定阶段以后，人们在取得共识和普遍接受的过程中，将不断寻求财务管理目标的新高度。

(2) 可操作性。

财务管理目标是制定经济指标并进行分解、实现员工自我控制、进行科学绩效考评的主要依据，因此其必须具有可操作性的特征，具体包括以下三个方面。

第一，可计量性。财务管理目标的提出既要有定性的分析判断，又要有定量化的标准，这样才便于实施。在实践中，不能以切实可行的量化指标来表现理财目标，既起不到有效的激励作用，企业的员工又不会接受。

第二，可以追溯。财务管理目标应该最终可以追溯到有关管理部门和人员，这样才便于落实指标，检查责任履行情况，制定整改措施。

第三，可以控制。企业的财务管理目标及分解落实到各部门、各单位的具体目标，应该使企业和各部门、各单位自身能够控制或施加影响，若超出他们的控制范围，这种目标将形同虚设。

（3）层次性。

财务管理目标的层次性是指财务管理目标按一定标准可划分为若干层次。财务管理目标之所以具有层次性是由企业财务管理内容和方法的多样性及它们相互关系上的层次性决定的。财务管理目标按其涉及的范围大小，可分为总体目标和具体目标。总体目标是指整个企业财务管理所要达到的目标，决定着整个财务管理过程的发展方向，是企业财务活动的出发点和归宿。具体目标是指在总体目标的制约下，从事某一部分财务活动所要达到的目标。总体目标是各个具体目标的集中体现，具体目标是总体目标的明细化。财务管理总体目标是企业各项财务活动的共同目标，对具体目标起着主导作用、支配作用，因而又称为财务管理的主导目标、基本目标。财务管理的具体目标对总体目标的实现有配合作用，所以又称辅助目标。

（4）多元性。

财务管理目标的多元性是指财务管理目标不是单一的，而是由多种目标组成的综合性群体。由于企业财务管理涉及财务活动的各方面和财务管理的各环节，并都具有特定的目标，这些目标反映了不同的财务活动处于不同的财务关系之中，这就形成了财务管理目标的多元性，包括企业筹资目标、投资目标、资金营运目标、股利政策目标等。

（二）财务管理总体目标

确定何为财务管理的总体目标取决于人们对企业财务管理目标科学性的认识程度。我国财务管理理论界和实务界积极地探讨了能具体应用的财务管理总体目标，提出了许多不同的观点，归纳起来主要有以下三类。

1. 利润最大化

利润最大化是西方微观经济学的理论基础。西方经济学家和企业家长期以来都是以利润最大化为企业的经营目标和财务目标的。假定在企业的投资预期收益确定的情况下，财务管理行为将朝着有利于企业利润最大化的方向发展。企业财务管理的目标是获得最大的利润，而且利润总额越大越好。

将利润最大化作为企业财务目标是符合经济学基本规律的，也使企业财务管理具有一定程度的现代理财属性。在市场经济环境中，投资者出资开办企业最直接的目的就是追求利润。利润最大化的理财目标，不仅体现了企业经济效益和股东投资回报的高低、企业对国家的贡献，而且和职工的利益息息相关。同时获得利润是企业补充资本、扩大经营规模的源泉，是使企业不断发展的基本前提。因此以利润最大化为企业财务管理目标具有一定的现实意义。

但是，以利润最大化为企业财务管理目标，仍存在着以下重大缺陷（这里的“利润”是指企业一定时期内实现的利润总额）：没有考虑资金的时间价值；没有反映创造的利润与投入的资本之间的关系，不利于不同资本规模的企业或同一企业不同时期之间的比较；没有考虑风险因素，高额利润往往要承担较大的风险，片面追求利润可能导致公司理财当局不顾风险大小而盲目追逐高额利润；片面追求利润最大化，可能导致企业短期行为的出现，如忽视产品开发、人才开发、生产安全、技术装备水平、生活福利设施、履行社会责任等，从而对公司长期健康发展造成不良影响。

2. 股东财富最大化

股东财富最大化是指企业财务管理以实现股东财富最大化为目标。在上市公司中，股东财富是由其所拥有的股票数量和股票市场价格两方面决定的。在股票数量一定时，股票价格达到最高，股东财富也就达到最大。与利润最大化相比，股东财富最大化的主要优点有以下几个：第一，考虑了风险因素，因为通常股价会对风险做出较敏感的反应。第二，在一定程度上能避免企业短期行为，因为不仅目前的利润会影响股票价格，预期未来的利润同样会对股价产生重要影响。第三，对上市公司而言，股东财富最大化目标比较容易量化，便于考核和奖惩。

但以股东财富最大化为理财目标，也存在以下缺点：第一，通常只适用于上市公司，非上市公司难以应用。因为非上市公司无法像上市公司一样随时准确获取公司股价。第二，股价受众多因素影响，特别是企业外部的因素，有些还可能是非正常因素。股价不能完全准确反映企业财务管理状况，如有的上市公司处于破产的边缘，但由于可能存在某些机会，其股票市价可能还在走高。第三，股东财富最大化更多强调的是股东利益，而对其他相关者的利益重视不够。

3. 企业价值最大化

企业价值最大化是指企业通过合理经营，采用最优的财务政策，在考虑货币时间价值和风险报酬的情况下不断增加企业财富，使企业总价值达到最大。通俗地讲，企业价值是指将企业如同一般商品一样拿到市场上去卖，看它值多少钱。企业虽不是一般意义的商品，但也可以被买卖。要买卖必然要对企业进行市场评价，通过市场评价来确定企业的市场价值或企业价值。在进行企业评价时，评价者看重的不是企业已经获得的利润水平而是企业未来的获利能力。因此企业价值不是企业账面资产的总价值，而是企业全部资产的市场价值，它反映了企业潜在或预期的获利能力。

投资者在评价企业价值时是以投资者预期投资时间为起点的，并将未来收入按预期投资时间以同一口径进行折现。可见，这种计算方法考虑了资金的时间价值和风险价值。企业所得的收益越多，实现收益的时间越近，应得的报酬越确定，则企业的价值或股东财富越大。以企业价值最大化为企业财务管理目标有如下优点。

（1）资金的时间价值和风险价值。

考虑资金的时间价值和风险价值，符合财务管理的两大基础理财观念，有利于获利期限结构的优化和风险投资项目的组合决策。

(2) 企业长期稳定的盈利能力。

该目标反映了对企业长期稳定的盈利能力的要求，符合投资者对资本保值增值的深层次认识，既有利于克服管理上的“短视病”，同时又是企业抵御风险能力的表现。

(3) 社会资源的合理配置。

该目标有利于社会资源的合理配置，各种有效资源总是流向企业价值最大化的企业或行业，这有利于实现全社会效益的最大化。企业价值最大化目标是一个抽象的目标，实践证明其目标也不尽完善，在运用时存在以下缺点：第一，对于股票上市企业，虽可通过股票价格的变动来揭示企业价值，但股价是受多种因素影响的结果，特别在即期市场上的股价不一定能够直接揭示企业的获利能力，只有长期趋势才能做到这一点。第二，为控股或稳定上下游企业之间的购销关系，现代企业很多情况下采用环形持股的方式，因此企业股权结构中法人股的比重较高，但法人股对股票市价的敏感程度远不及个人股，对股价最大化目标没有足够兴趣。第三，对于非上市企业来说，企业价值的确定只能通过对企业进行专门评估（如资产评估）的办法，而在评估企业的资产时，由于受到评估人员主观因素、评估标准和评估方式等因素的影响，这种评估方法往往不够准确、客观。

值得说明的是，基于企业价值最大化的财务管理目标，更能揭示市场经济条件下财务管理的特征、体现财务活动规律，所以这一目标在西方通常被认为是一个较为合理的财务管理目标。

4. 相关者利益最大化

现代企业是多边契约关系的总和，要确立科学的财务管理目标，需要考虑哪些利益关系会对企业发展产生影响。在市场经济中，企业的理财主体更加细化和多元化。股东作为企业所有者，在企业中拥有最高的权利，也承担着最大的义务和风险，但债权人、员工、企业经营者、客户、供应商和政府也为企业承担着风险。因此，企业的利益相关者不仅包括股东，还包括债权人、员工、企业经营者、客户、供应商、政府等。在确定企业财务管理目标时，不能忽视这些相关利益群体的利益。

相关者利益最大化目标的具体内容包括以下几个方面：第一，强调风险与报酬的均衡，将风险限制在企业可以承受的范围内。第二，强调股东的首要地位，并强调企业与股东之间的协调关系。第三，强调对代理人即企业经营者的监督和控制，建立有效的激励机制，以便企业战略目标的顺利实施。第四，关心企业普通员工的利益，创造优美和谐的工作环境和提供合理适当的福利，培养员工对企业的忠诚度。第五，不断加强与债权人的合作关系，培养可靠的资金供应者。第六，关心客户的长期利益，以便保持销售收入的长期稳定增长。第七，加强与供应商的协作，共同面对市场竞争并注重建立企业的商誉。

以相关者利益最大化为财务管理目标，具有以下优点。

(1) 有利于企业长期稳定发展。

这一目标注重考虑企业与各利益相关者的财务关系。在追求长期稳定发展的过程中，站在企业的角度上进行投资研究，避免了只站在股东的角度进行投资可能导致的一系列问题。

(2) 体现了合作共赢的价值理念，有利于实现企业社会效益和经济效益的统一。

由于兼顾了企业、股东、政府、员工、客户等利益相关者的利益，企业就不仅仅是一个单纯谋利的组织，还承担了一定的社会责任。企业在寻求其自身的发展和利益最大化过程中由于需要维护客户及其他利益相关者的利益，就会依法经营，自觉维护和保障国家、集体和社会公众的合法权益。

(3) 有利于实现利益最大化目标。

相关者利益最大化目标是一个多元化、多层次的目标体系，较好地兼顾了各利益主体的利益。这一目标可使企业各利益主体相互作用、相互协调并使企业利益、股东利益和其他相关者利益达到最大化。

（4）有利于前瞻性和现实性的统一。

以相关者利益最大化为财务管理目标体现了前瞻性和现实性的统一。企业作为利益相关者之一，其评价指标可以是未来企业报酬贴现值；股东的评价指标可以使用股票市价；债权人利益评价指标可以考虑风险和利息；员工利益评价指标可以使用工资福利；政府利益评价指标可以考虑社会效益等。不同的利益相关者有各自的利益评价指标，只要合法合理、互惠共赢，就可实现所有相关者利益最大化。

（三）实现财务管理目标的矛盾与协调

股东和债权人都为企业提供了财务资源，但是他们处在企业之外，只有经营者在企业内部直接从事财务管理工作，股东、经营者、债权人之间构成了企业最重要的财务关系，但经营者和股东、债权人之间的信息不对称，导致了代理问题的出现。

1. 所有者与经营者之间的矛盾与协调

对所有者来说，他所放弃的利益就是经营者所得到的利益。这种放弃的利益在西方被称为所有者支付给经营者的享受成本。因此，所有者与经营者的主要矛盾就是经营者希望在提高企业价值和增加所有者财富的同时能够更多地增加享受成本（如增加报酬、增加闲暇时间和避免风险）；而所有者则希望以较小的享受成本支出带来较高的企业价值和所有者财富。企业通常采用的用来协调所有者与经营者之间矛盾的措施有如下几种。

（1）监督。

监督是一种通过所有者来约束经营者的措施。所有者对经营者进行监督，如果经营者未能实现企业价值最大化的目标，就减少经营者的报酬，甚至解聘他们。经营者由于害怕被解聘而尽力实现财务管理的目标。但是，全面进行监督实际上是行不通的。股东是分散的或远离经营者的，得不到充分的信息，并且经营者比股东有更大的管理优势，比股东更清楚什么是对企业更有利的行动方案。全面监督管理行为的代价是很高的，很可能超过它所带来的收益。因此，监督虽然可以减少经营者违背股东意愿的行为，但不能解决全部问题。

（2）被兼并或收购。

被兼并或收购是一种通过市场来约束经营者的措施。如果经营者决策失误、经营无力，未能采取一切有效措施使企业价值提高，该公司就可能被其他企业强行兼并或收购，经营者也相应被解聘，为此经营者必须采取措施提高企业价值。

（3）激励。

激励是把经营者的报酬同其绩效挂钩以使经营者更加自觉地采取满足企业价值最大化的措施。激励有以下两种基本方式：一是股票选择权方式，即允许经营者以固定的价格购买一定数量的公司股票，股票的价格高于固定的价格越多，经营者所得的报酬越多。经营者为了获取更大的股票溢价，就必然采取能够提高股价的行动。二是绩效股方式，即企业运用每股利润、资产报酬率等指标来评价经营者的业绩，视其业绩大小给予经营者数量不等的股票作为报酬。这种方式使经营者不仅为了多得“绩效股”而不断采取措施提高企业的经营业绩，而且为了提高股票价格也会采取各种措施使股价稳定上升。

通常股东同时采取监督和激励等方法来协调自己和经营者之间的关系。尽管如此，仍不能完全消除经营者为获得自己的利益而实施的一些不符合股东最大利益的决策，并由此给股东带来一定的损失。对股东来说，由此产生的监督成本、激励成本和偏离股东目标的损失之间此消彼长，相互制约。股东要权衡轻重，力求找出能使净收益最大化的最佳解决办法。

2. 所有者和债权人之间的矛盾与协调

当公司向债权人借入资金后，两者也形成一种委托代理关系。债权人把资金交给企业，其目的是到期收回本金并获得约定的利息收入；公司借款的目的是用于扩大经营，投入有风险的经营项目。两者的目标有分歧，通常这种目标的不一致表现为以下两种方式：一是所有者不征得债权人的同意，投资比债权人预期风险更高的项目。如果高风险的计划侥幸成功，超额利润将被所有者独吞；如果计划不幸失败，公司无力偿债，债权人与所有者将共同承担由此造成的损失。这对债权人来说风险与收益是不对称的。二是所有者为了提高公司的利润，不征得债权人的同意而迫使管理当局发行新债，致使旧债券的价值下降，使旧债权人蒙受损失。旧债券价值下降的原因是发新债后公司负债比重上升，公司破产的可能性增加，如果企业破产，旧债权人和新债权人要共同分配破产财产，使旧债券的风险增加，其价值下降。尤其是不能转让的债券或其他借款，债权人没有出售债权来摆脱困境的出路，处境更加不利。

债权人为了防止其利益被损害，除了寻求立法保护，如破产时优先接管、优先于股东分配剩余财产等之外，通常采取以下措施：第一，限制性借款，即在借款合同中加入某些限制性条款，如规定借款的用途、借款的担保条款和借款的信用条款等。第二，收回借款或不再借款，即当债权人发现企业有侵蚀其债权价值的意图时，采取提前收回债权或不再给企业重新放款的措施，从而保护债权人的利益。

第二节　财务管理的原则和环节

财务管理的原则又称理财原则，是指人们对财务活动共同的、理性的认识，它能够帮助人们理解常见的财务管理实务和新的复杂的情形，同时财务管理的原则也是联系财务管理理论和财务管理实务的纽带。

一、竞争的经济环境的原则

竞争的经济环境的原则是对资本市场中人的行为规律的基本认识。

（一）自利行为原则

自利行为原则是指人们在进行决策时按照自己的财务利益行事，在其他情况相同的条件下，人们会选择对自己经济利益最有好处的行动。自利行为原则的依据是理性的经济人假设。该假设认为人们对每项预期的交易都能衡量其代价和利益，并且会选择对自己最有利的方案作为行动方案。自利行为原则假设企业决策人对企业目标具有合理的认识程度，并且对如何达到目标具有合理的理解。在这种假设情况下，企业会采取对自己最有利的行动。

自利行为原则的一个重要的应用称为委托代理理论。根据该理论，应当把企业看作各种自利人的集合。一个公司涉及的利益关系人包括普通股股东、债权人、银行、政府、社会公众、经理人员、员工、客户、供应商等。这些利益关系人都是按自利行为原则行事的，企业与各种利益关系人之间的关系，大部分都属于委托代理关系。这种相互依赖又相互冲突的利益关系需要通过“契约”来协调。契约包含明确契约和模糊契约两种，如果企业与短期债权人之间定有在未来的特定日期支付特定金额的货币就属于明确契约；而员工承诺诚实和努力工作，经理承诺按股东最佳利益行事则属于模糊契约。

自利行为原则的另一个应用是机会成本和机会损失的理论。有竞争力的、值得做的行动经常被采纳，当某人采取了一种行动时，这种行动就取消了其他可能的行动。一种行动的价值和最佳选择的价值之间的差异称为机会损失，被放弃的最佳行动的价值称为机会成本。

（二）双方交易原则

双方交易原则是指每一项财务交易都至少存在两方，在一方根据自己的经济利益决策时，另一方也会按照自己的经济利益行动，并且对方和自己一样智慧、勤奋和富有创造力。因此，在决策时要正确预见对方的反应，即不要以自我为中心，低估了竞争对手可能会导致财务交易失败。

双方交易原则的重要依据是商业交易的“零和博弈”。“零和博弈”是这样一种情形：一个人获利只能建立在另一个人付出的基础上。在这种情况下，我有所得，他方必有所失；反之亦然。高价格使购买方受损而卖方受益，低价格使购买方受益而卖方受损；一方得到的与另一方失去的恰好相等，从总体上看收益之和等于零，故称为“零和博弈”。在“零和博弈”中，双方都按照自利行为原则行事，谁都想获利而不愿受损失。那么为什么还会成交呢？原因在于信息的不对称。买卖双方由于信息的不对称，对金融市场产生了不同的预期。高估股票价值的人买进，低估股票价值的人卖出，直到市场价格与他们预期一致时交易停止。因此，在进行财务决策时，不要仅考虑自利行为原则，还要使对方有利，否则交易将无法进行。

双方交易原则的重要应用是公司收购。收购公司的经理对收购的目标公司经常支付超额的款项，他们判断出如此高价是因为他们认为目标公司的现行市场价格被低估。他们认为自己能够更好地管理目标公司，提高目标公司的获利能力，进而提高目标公司的价值。但实际经验表明，一家公司决定收购另一家公司的时候，多数情况下收购公司的股价不是提高而是降低了，这说明收购公司的出价太高，降低了本公司的价值。

双方交易原则也存在着特例“非零和博弈”商业交易。大部分“非零和博弈”商业交易来源于税收中的条款。政府是不请自来的交易第三方，凡是交易政府都要从中收取税金。减少政府的税收交易，双方都可以获益。避税就是寻求减少政府税收的合法交易形式。避税的结果使交易双方受益，但其他纳税人会承担更大的税收份额，从更大范围来看并没有改变“零和博弈”的性质。例如免税的政府债券，政府债券的利息收入是免交所得税的，这使得政府可以按较低的利率发行债券，因为如果这种债券的利息需纳税的话，政府将以较高的利息才能发行出去；购买者也可通过购买免税的政府债券，获得比购买同种类型但需要全额纳税的其他债券更高的收益，双方均受益。这似乎并不表现为一种“零和博弈”。但考虑到其他更大范围的纳税人的话，则降低一组纳税人的税收可能导致其他纳税人承担政府运转资金的更大部分。

（三）信号传递原则

信号传递原则是自利行为原则的延伸，是指行动可以传递信息。当行动与公司宣告不一致时，行动比公司的声明更有说服力。由于人们或公司是遵循自利原则的，所以一项资产的买进能暗示出该资产“物有所值”，买进的行为提供了有关决策者对未来的预期或计划的信息。例如，一个公司决定进入一个新领域，反映出管理者对自己公司的实力及对新领域的未来前景充满信心。

信号传递原则要求根据公司的行为判断它未来的收益状况。一个经常用配股的办法找股东要钱的公司，很可能自身产生现金能力较差；一个大量购买国库券的公司很可能缺少净现值为正数的投资机会；内部持股人出售股份，常常是公司盈利能力恶化的重要信号。

当然，信号传递原则还要注意“逆向选择”的问题，即决策可能被误解从而提供出非公司真正要传递的信息。在资本市场上，每个人都在利用他人交易的信息，自己交易的信息也会被别人所利用，所以应考虑交易的信息效应。因此，在决定行动时，不仅要考虑决策本身的收益和成本，还要考虑信息效应的收益和成本。

（四）行为原则

行为原则是信号传递原则的直接运用，行为原则是让我们试图使用这些信息。由于我们的理解力存在局限性，不知道如何做出对自己更有利的决策或者寻找最准确答案的成本过高，以至于不能够把问题完全弄清楚。因此在这种情况下，不要继续坚持采用正式的决策分析程序，包括收集信息、制定备选方案、采用模型评价方案等，而是直接模仿成功的案例或者大多数人的做法。

不要把行为原则简单看成是“盲目模仿”，它只有在两种情况下适用：一是理解存在局限性，即认识能力有限找不到最优的解决办法；二是寻找最优方案的成本过高，即理论尽管能提供明确的解决办法，但收集必要信息的成本超过了潜在的利益。行为原则在实践中有时会发生运用不当的情况，为减少成本和风险，行为原则有一条重要的警告：它是一个次优化原则，其最好的结果就是得出近似最优的结论，最差的结果是模仿了别人的错误。尽管行为原则存在着潜在的不足，但在某些情况下它仍然是有用的。

行为原则的另一个重要应用就是“自由跟庄”。在竞争的市场经济环境下，一个“领头人”花费资源得出一个最佳的行动方案，其他“追随者”通过模仿节约了信息处理成本。

二、创造价值和经济效率的原则

创造价值和经济效率的原则是对增加企业财富基本规律的认识。

（一）有价值的创意原则

有价值的创意原则是指新创意（如新专利、新功能、新包装、新产品、新的营销方式等）能转化成额外的正价值。竞争力理论认为，企业的竞争优势可以分为经营奇异和成本领先两方面。经营奇异是指产品本身、销售交货、营销渠道等客户广泛重视的方面在产业内独树一帜，任何独树一帜都来源于新的创意。创造和保持经营奇异性的企业，如果其产品溢价超过了为产品的独特性而附加的成本，它就能获得高于平均水平的利润。

有价值的创意原则主要应用于直接投资项目。一个项目依靠什么取得大于零的净现值？它必须是一个有创意的资本预算。重复过去的投资项目或者别人的已有做法，最多只能取得平均的报酬率，维持而不是增加股东财富。新的创意迟早要被人效仿，失去原有的优势，因此创新的优势都是暂时的。企业长期的优势只有通过一系列的短期优势才能维持。只有不断创新，才能维持经营的奇异性并不断增加股东财富。

（二）比较优势原则

比较优势原则是指专长能创造价值。比较优势原则的一个应用是“物尽其用，人尽其才”。在有效的市场中，你不必要求自己什么都能做到最好，但要知道谁能做得更好。对于某一件事情，如果有人比你自己做得更好，就支付报酬让他代你去做。同时，你去做比别人做得更好的事情，这样每项工作就找到了最合适的人，就会产生经济效益。同样，一个企业、一个国家也是这样。在国际贸易中，如果每一个国家都生产它最能有效生产的产品和劳务，那么当国家间进行贸易时就可以使每一个国家收益。

比较优势原则要求企业把主要精力放在自己的比较优势上，而不是日常的运作上。建立和维持自己的比较优势，是企业长期获利的根本。

（三）期权原则

期权是做某种事情的权利，没有任何义务，即不附带义务的权利。换言之，它是指所有者（期权购买方）能够要求出票人（期权的出售者）履行期权合同上载明的交易，但是出票人不能要求所有者去做任何事情。对所有者来说，期权不会产生负价值，因为所有者总是可以决定什么都不做。在财务上，一个明确的期权合约经常是指按照预先设定的价格买卖一项资产的权利。

期权是广泛存在的，可能在许多情况下并不被人们所察觉，但事实上，有时一项资产附带的期权比该资产本身更有价值。例如，有限责任公司是一个法律概念，它表明一个资产所有者的财务责任被限定在一定范围内，即公司的股东具有有限责任。如果公司宣告破产，他们不会冒比其已经投资在股票上的更多资产的风险。破产在法律上对债权人提供了不能偿付的期权，也对股东提供了不必全额清偿负债的期权。这是一种有价值的期权。

（四）净增效益原则

净增效益原则是指财务决策建立在未来净增效益的基础上，一项决策的价值取决于它和替代方案相比所增加的净收益。净增现金流量是指一项决策结果发生的现金流量减去这项决策没有发生的现金流量之差。

净增效益原则的一项应用是差额分析法，也就是在分析投资方案时，只分析它们有区别的部分而省略其相同的部分。一项新产品投产的决策引起的现金流量的变化，不仅包括新设备投资，还包括动用企业现有非货币资源对现金流量的影响；不仅包括新产品的销售收入，还包括对现有产品销售积极或消极的影响；不仅包括产品直接引起的现金流入和流出，还包括对公司的税务负担的影响等。净增效益原则初看似乎很容易理解，但实际贯彻起来需要非常清醒的头脑，需要周密地考察方案对企业现金流量总额的直接和间接影响。

净增效益原则的另一个应用是沉没成本问题。沉没成本是指已经发生、不会被以后的决策改变的成本。它不能改变未来的净增效益，因此与未来的决策毫无关系，在分析将要采纳的决策方案时应将其排除。

三、财务交易的原则

财务交易的原则是指从观察财务交易中得出的对于财务交易基本规律的认识。

（一）风险—报酬权衡原则

风险—报酬权衡原则是指高风险的背后必然隐藏着高报酬，低风险的投资机会必然只有较低的预期收益。在财务交易中，当其他一切条件相同时，人们更倾向于高报酬和低风险。如果两个投资机会报酬水平不同，但风险程度相同，人们会选择报酬较高的投资机会，这是自利原则所决定的；如果两个投资项目风险程度不同，报酬水平相同，人们会选择风险小的项目，这是由“风险反感”决定的。所谓“风险反感”，是指人们普遍有规避风险的态度，认为风险是不利的事情。

人们都倾向于高报酬和低风险，而且都在按照他们自己的经济利益行事，由此引发的竞争带来了风险和报酬之间的权衡。不可能在低风险的同时获得高报酬，因为这是每个人都想得到的。即使最先发现了这样的投资机会并率先行动，别人也会迅速跟进，竞争会使报酬率降至与风险相当的水平。因此，现实的市场中只有高风险同时高报酬和低风险同时低报酬的投资机会。要想获得巨大的收益就必须冒着可能遭受巨大损失的风险，每个市场参与者都在它的风险和报酬之间权衡。有的人偏好风险，有的人厌恶风险，但市场最终带来的是风险与报酬的对等，不会让人们去冒没有价值的风险。

（二）投资分散化原则

投资分散化原则是指不要把全部财富都投资于一个项目，而要分散投资。一个明智的投资者不会把全部财富都投资在同一个公司，那样就会使其面对这个公司有可能倒闭的风险。如果投资分散在许多公司里，除非所有的公司都倒闭，否则不会失去全部投资。所有公司都倒闭的可能性比其中一个公司倒闭的可能性要小得多。这种广泛分布投资而不是集中投资的实务称为分散化。

投资分散化原则的理论依据是马科维茨的投资组合理论，该理论认为通过有效地进行证券投资组合便可消减证券风险，达到降低风险的目的。

投资分散化原则具有普遍意义，不仅仅适用于证券投资，公司日常产、供、销各项决策都应注意投资分散化原则。投资分散化原则具体表现在：不应将公司的全部投资集中于个别项目、个别产品和个别行业；不应当把销售集中于少数客户；不应当使资源供应集中于个别供应商；重要的事情不要依赖一个人完成；重要的决策不要由一个人做出。凡是有风险的事项，都要贯彻投资分散化原则以降低风险。

（三）资本市场效率原则

资本市场是指证券（如股票和债券）买卖的市场。资本市场效率原则是指在资本市场上频繁交易的金融资产的市场价格，反映了所有可获得的信息，而且面对新信息完全能迅速地做出调整。

资本市场的效率取决于新信息反映在每股价格上的速度。这种信息效率即价格完全反映新信息的速度和准确性，会受到交易成本和交易活动的障碍的影响。交易成本越低和交易活动的障碍越小，市场参与者对新信息的反应就越快和越容易，对反映新信息每股价格的调整也就越快。

资本市场效率原则要求理财时重视市场对企业的估价。资本市场犹如企业的一面镜子，又如企业行为的矫正器。股价可以综合反映公司的业绩，弄虚作假、人为地改变会计方法等，对于企业价值的提高毫无用处。当市场对公司的评价降低时，应理性分析公司的行为是否出了问题并设法改进，而不应设法欺骗市场。妄图欺骗市场的人，终究会被市场抛弃。

(四) 货币时间价值原则

货币时间价值原则是指在进行财务计量时要考虑时间价值因素。货币时间价值是指基于在再生产过程中运动着的价值，经过一定时间的投资与再投资所增加的价值。市场上一种普遍的客观经济现象是想让投资者把钱拿出来，市场必须给他一定的报酬。这种报酬包括两部分：一部分是无风险报酬，即资金的时间价值；另一部分是风险报酬，即因为有风险而附加的投资报酬。

四、财务管理的环节

财务管理的环节是指财务管理工作的各个阶段与一般程序，它包括财务管理的各种业务手段：财务预测、财务决策、财务预算、财务控制和财务分析。这些环节互相配合、紧密联系，形成周而复始的财务管理循环过程，构成完整的财务管理工作体系。

(一) 财务预测

财务预测是根据财务活动的历史资料，考虑现实的要求和条件，对企业未来的财务活动和财务成果做出科学的预计和测算。做好财务预测工作，可以把握未来、明确方向。财务预测环节的主要任务是：测算各项生产经营方案的经济效益，为决策提供可靠的依据；预计财务收支的发展变化情况，以确定经营目标；测定各项定额和标准，为编制计划、分解计划指标服务。财务预测环节是在前一个财务管理循环的基础上进行的，它既是前后两个财务管理循环的联结点，又是财务预测环节的必要前提。财务预测环节的工作主要包括以下四个步骤。

1. 明确预测目标

财务预测的起点是明确预测目标，如降低成本、增加利润、加速资金周转、安排设备投资等。预测目标不同，则预测资料的搜集、预测模型的建立、预测方法的选择、预测结果的表现方式等也有不同的要求。

2. 搜集和整理资料

根据预测的目标，要广泛搜集有关资料，包括企业内部和外部资料、财务和生产技术资料、计划和统计资料、本年和以前年度资料等。对搜集来的资料要进行归类、汇总、调整等加工处理，使资料符合预测的要求。

3. 选择预测模型

常见的预测模型有时间序列预测模型、因果关系预测模型、回归分析预测模型等，进行财务预测时要根据影响预测目标的各相关因素之间的相互联系，选择相应的财务预测模型。

4. 实施财务预测

将经过整理的资料代入财务预测模型，采用适当的预测方法，进行定性、定量分析，确定预测结果。

（二）财务决策

财务决策是指财务人员按照财务目标的总体要求，利用专门方法对各种备选方案进行比较分析并从中选出最佳方案的过程。在市场经济条件下，财务管理的核心是财务决策。在财务预测基础上进行的财务决策是编制财务计划、进行财务控制的基础，决策的成功是最大的成功，决策的失误是最大的失误，决策关系着企业的成败兴衰。财务决策环节的工作主要包括以下三个步骤。

1. 确定决策目标

根据企业经营目标，在调查研究财务状况的基础上确定财务决策的目标。

2. 拟定备选方案

在预测未来有关因素的基础上，提出各种为达到财务决策目标而考虑的备选行动方案。拟定备选方案时，对方案中决定现金流出、流入的各种因素，要做周密的分析和计算；拟定备选方案后，要充分研究各方案的可行性。

3. 选择最优方案

备选方案提出后，根据一定的评价标准，采用有关的评价方法，评价各种方案的优劣或经济价值，全面权衡后从中选择一个预期效果最佳的财务决策方案。

（三）财务预算

财务预算是指运用科学的技术手段和数量方法，对未来财务活动的内容及指标进行的具体规划。财务预算是以财务决策确立的方案和财务预测提供的信息为基础来编制的，既是财务预测和财务决策的具体化、系统化，又是控制财务收支活动、分析生产经营成果的依据。财务预算的编制一般包括以下三个步骤。

1. 分析财务环境，确定预算指标

在分析了企业内外部所面临的财务环境的基础上，运用各种科学方法，确定突出决策目标的预算指标体系。

2. 协调财务能力，组织综合平衡

要合理安排有效的人力、物力和财力，使之与企业目标的要求相适应。在协调财务能力方面，要组织好流动资金与长期资金的结构平衡、资金运用与资金来源的平衡、现金流入与现金流出的平衡等。

3. 选择预算方法，编制财务预算

常见的财务预算的编制方法有固定预算、弹性预算、增量预算、零基预算、定期预算和滚动预算。选择合理的预算方法有助于决策目标的实现。

（四）财务控制

财务控制是在财务管理的过程中以财务预算为依据，利用有关信息和特定手段，对企业财务活动所施加的影响或进行的调节。财务控制是落实财务预算、保证预算任务实现的有效措施。财务控制一般要经过以下三个步骤。

1. 制定控制标准，分解落实责任

按照责权利相结合的原则，将预算任务以标准或指标的形式分解落实到各责任中心。通过预算指标的分解，可以把预算任务变成各责任中心控制得住、实现得了的量化要求，这样便于落实责任，检查考核。

2. 实施追踪控制，及时调整误差

不断将预算的实际执行情况与预算标准进行对比，确定差异的程度和性质，并考察可能出现的变动趋势，对不利的差异应及时发出预警信号，揭露生产经营过程中发生的矛盾。此外，要及时分析差异产生的原因，确定造成差异的责任归属，采取有效的措施及时进行调整，进而消除差异以便顺利实现财务预算指标。

3. 分析执行情况，搞好考核奖惩

财务预算执行了一定时期后，企业应对各责任中心的预算执行情况进行评价，考核各项预算指标的执行情况，运用激励机制实行奖优罚劣。

（五）财务分析

财务分析是根据核算资料，对企业财务活动过程及其结果进行分析和评价的一项工作。借助财务分析，可以掌握各项财务预算的执行情况，有效评价财务状况，研究和掌握企业财务活动的规律性，改善财务预测、决策、预算和控制，提高企业管理水平，提高企业经济效益。财务分析包括以下四个步骤。

1. 占有资料，掌握信息

开展财务分析首先应充分占有企业财务报告和相关资料、信息。

2. 指标对比，揭露矛盾

对比分析是揭示先进与落后、节约与浪费、优势与劣势的基本方法。只有经过对比分析才能揭露矛盾、发现问题。财务分析就是通过数量指标的对比分析来评价业绩、发现问题的。

3. 分析原因，明确责任

指标对比所发现的矛盾，应进行因素分析，即要查明影响财务指标完成的各项因素，并从各种因素的相互作用中找出影响财务指标完成的主要因素，以便分清责任、抓住关键。

4. 提出措施，改进工作

在掌握了产生矛盾的原因的基础上，必须提出改进措施。关于提出的改进措施，应当明确具体、切实可行。措施一经确定，就要组织各方面的力量认真贯彻执行。通过改进措施的落实，推动财务管理工作不断走上新台阶。

关于财务管理的环节，值得强调的一点是：各个财务管理环节在每个经营周期内进行着从预测到分析的周而复始的循环，每个环节都处在财务管理循环的一定阶段，具有一定的先后顺序。财务预测、财务决策和财务预算属于事前管理环节，而财务分析属于事后管理环节。各管理环节的顺序不能加以颠倒，否则会混淆各管理环节的定位。

第三节　财务管理的理论结构分析

随着社会的发展，财务管理越来越受到人们的重视，在企业的管理和发展中发挥了很大的作用。

一、财务管理理论结构概述

财务管理理论是先在之前的财务管理实践的基础上进行归纳和总结，然后在实践中不断完善，得出系统化、科学化、合理化的财务管理指导思想，最终发展成为一套理论。财务管理理论可以使财务管理工作更具有科学性和有效性，从而发挥财务管理工作的最大作用。财务管理理论结构是指财务管理包含的几个大的方面及其重要性的先后顺序，以及这样排序的标准。

二、财务管理理论结构的构建

（一）财务管理理论的基础

财务管理理论的基础主要是指财务管理环境、财务管理假设、财务管理目标这三者之间的关系和发展状况。财务管理环境是进行财务管理工作的逻辑起点，一切的财务管理工作都是围绕这个出发点开始的，也是以它为基础开展一切工作的；财务管理假设主要研究财务的主体以及市场投入与产出之间的比例，是构建财务管理理论结构不可缺少的组成部分；财务管理目标是指开展财务管理工作将要达到的目标或者目的，是在财务管理环境和财务管理假设的基础上建立的，对涉及财务管理的业务具有导向作用。财务管理目标既是对财务管理环境和财务管理假设的总结，又可以指导财务管理工作的开展。

（二）构建财务管理的基本理论

财务管理工作的开展需要遵循一定的原则和方法。财务管理的内容、财务管理的原则、财务管理的方法都是财务管理的基本理论，从这三个方面入手，可以保证财务管理理论的科学性和合理性。财务管理工作的内容主要针对企业筹资、投资、营运及分配等方面而开展。财务管理原则可以有效地约束财务管理工作的行为，可以使财务管理理论更加科学化、系统化。把财务管理的内容与财务管理的目标连接在一起，能够提高企业决策的正确率。

（三）建立财务管理通用业务理论

财务管理通用业务是指一般企业都具有的财务管理工作，属于比较大的范围。财务管理通用业务可以对企业的筹资、投资、营运等业务进行系统的总结和研究，可以指导财务管理向着正确的方向发展，可以为财务管理理论的建立提供强有力的事实依据，可以提高财务管理理论结构的科学性。财务管理理论结构的建立，实际上是为财务管理工作提供一个比较大的框架，任财务管理工作者在这个框架里发挥；同时，也为企业财务管理中的资金支出情况做了系统分配，从而确保财务分配上存在“公平性”。

第四节　财务管理的价值创造

财务管理是企业管理的重要组成部分，是实现企业价值最大化经营目标的重要手段。财务管理的价值创造能力越强，其在企业价值创造中的地位越高，为企业创造价值的效率和质量就越高，因此提升财务管理价值创造能力，有助于其更好地发挥价值创造作用，意义重大。

一、财务管理价值创造的内涵

财务管理的价值创造是通过一系列财务管理活动为企业创造价值，以期实现企业价值最大化。财务管理在企业价值创造过程中扮演着诸多角色，既可以直接创造价值，也可以以支持辅助的方式间接创造价值，还可以保护企业现有价值不受损害。

（一）价值创造

财务管理可以通过多种方式来实现价值创造。一是通过投资、享受政府优惠补贴政策、开展理财活动等财务活动，直接为企业增加现金流或获取收益；二是通过统筹运用各项资源、集中管理资金、统一结售汇、税务筹划等方式，降低各项成本。

（二）价值促进

财务管理可以通过辅助支持企业的各项价值创造活动来促进企业价值的提升。一是通过预算管理，合理配置企业资源；二是通过评价考核、薪酬激励、奖励惩罚等措施的执行，促使企业价值创造机能有效运行；三是进行财务分析，供管理参考、为决策服务，协助各项价值创造活动有序高效地开展。

（三）价值保护

财务管理还可以采取财务措施保护企业价值不受损失。一是通过内部控制手段，防范企业潜在风险，实现企业价值保值；二是通过财务审计，规范企业财经秩序，防止企业价值受到损害。

二、财务管理的价值创造能力

（一）含义

价值创造能力是指创造企业价值的主观条件的总和，是实现企业价值最大化目标的能力。财务管理价值创造能力是指通过财务管理手段为企业创造价值的能力。

(二) 影响因素

影响财务管理价值创造能力的因素包括以下几个方面。

1. 人员

财务管理工作具体是由财务管理人员执行的，财务管理人员能力越强，财务管理工作越能实现其价值创造的目标。

2. 制度

制度体系的建立，使财务管理价值创造活动有制可循、有章可依，有利于规范其价值创造活动，提高价值创造工作的效率及质量。

3. 流程

完善、高效的流程，可以解决相关管理要素不能得到有效利用的问题，为提高财务管理价值创造助力。

4. 方法

先进科学的管理方法能保证财务管理在价值创造活动中实现管理功能，保证其发挥应有的作用，因此，财务管理方法对企业充分发挥财务管理的价值创造作用影响很大。

5. 环境

财务管理环境是指对企业财务活动产生影响作用的企业内外部条件的统称。企业的财务管理活动离不开财务管理环境，财务管理环境必然影响财务管理活动。

三、提升财务管理价值创造能力的几点建议

企业应围绕创造企业价值的目标，提升企业财务管理的价值创造能力。

(一) 提升财务管理人员的价值创造能力

一是树立价值创造理念。财务管理人员只有认同财务管理企业价值创造者的角色，才能真正通过意识和理念去指导实践，以实现价值创造的目标。

二是提升财务管理人员的专业素质，培养企业所需的复合型人才。

财务管理人员要学习并不断更新财务管理方面的知识，提高业务素质；要加强对企业业务、流程、部门架构等的了解，加强沟通与协作，储备较为全面的综合知识，以便更好地为企业价值创造机制服务。

（二）建立以价值创造为导向的财务管理制度体系

一是完善制度。在价值创造过程当中，想要财务管理工作高效地创造价值，就必须将原有的财务管理制度进行梳理，从价值创造的角度对原有制度进行评估、修改及补充，将价值最大化的企业目标落实到相关制度中。

二是建立制度体系。以价值创造为导向的财务管理制度体系应分为几个层次，最底层是具有操作性的实施细则，第二层是具有指导意义的管理办法，最高层是财务管理的价值创造总纲领。

三是用文字记载。相关规章制度应以文字方式形成文件，确保制度的约束性、严肃性和引导性，使财务管理价值创造活动有所依据。

（三）改进财务管理流程

将财务管理与业务流程相结合，让财务部门和财务管理人员全面参与到整个价值链流程中，将管理措施融入企业各生产经营环节，从价值创造的角度，帮助各业务部门、经营环节做出事前的预测规划、事中的监督控制、事后的评价等，实现企业价值链上的财务协同，为企业价值创造提供全面支持。

（四）应用现代管理方法

借助信息技术、互联网，可以及时获取相关政策制度、及时处理财务及经营信息、实现多维度数据统计等，有利于在提高财务管理价值创造活动效率的同时减少或避免差错，切实保证财务管理价值创造活动的质量。

根据企业实际，采用各种先进科学的管理方法。例如，财务分析中常用的杜邦分析法，从净资产收益率出发，对影响该指标的因素进行层层分解，帮助企业及时发现经营中存在的问题，更好地辅助企业创造价值。再如，预算管理实践中比较有代表性的全面预算管理法，以提升企业价值为目标，通过价值驱动因素配置企业资源，使低效资源加快流转，发挥资源使用效益，同时将价值管理导向贯穿预算管理的执行、分析与控制全过程，促使企业价值不断提升。

(五) 营造财务管理价值创造的环境

形成财务管理的价值创造文化，充分发挥其应有的作用，创造并保持财务管理人员参与价值创造的内部环境。财务管理的价值创造文化是财务管理价值创造目标与财务管理人员的纽带，把从事财务管理的人员团结起来，形成巨大的向心力和凝聚力。这种从内心产生的效应，足以胜过任何规章制度和行政命令。

企业在提升自身财务管理价值创造能力的过程中，应关注提升的效果，对于未达到或偏离了原有目标的应及时调整，同时还应注意克服认知惰性，适时主动地根据企业实际情况，对提升财务管理价值创造能力的方式、方法予以修正，只有这样才能真正地提升企业自身的财务管理价值创造能力。

第五节 财务管理环境变化对现代财务管理的影响

财务管理是企业发展中的重要内容，对企业平稳经营有着重要的意义和影响。在近几年的发展中，很多企业更加注重对财务管理环境变化的分析与研究。一方面是由于财务管理水平与财务管理环境的变化有着密切的联系，需要相关管理团队对两者之间的关系进行深入的研究与探讨，从而为财务管理工作的开展提供可参考的依据；另一方面是由于传统老套的方式和理念已经不能满足现代企业财务管理的需要，如果不能及时创新与完善财务管理的制度、理念以及模式等，就会影响企业的正常发展。

一、财务管理环境变化的内容

（一）企业发展模式方面

财务管理环境的变化会在很大程度上引发企业发展模式的变化，而发展模式的变化不仅对企业核心的构建有着重要影响，还对企业财务管理的开展有着重要影响。企业财务管理中涉及很多方面的内容，如资金管理、预算控制及风险规避等，因此，当企业发展模式受到财务管理环境变化的影响而发生改变时，企业财务管理部门就需要对这些内容进行重新部署与安排。只有通过这样的方式，才能更加符合企业发展模式变化的需要，为财务管理工作的开展提供有利的条件。

（二）金融全球化方面

金融全球化对企业融投资的开展有着重要的意义和影响，不仅为企业融投资提供了更多的选择机会，还间接地丰富了融投资的形式和内容。在财务管理环境变化的过程中，企业财务管理部门会根据金融全球化的发展现状对融投资环境做进一步的分析与研究。同时，还会对融投资中涉及的风险问题做进一步的控制和防范，从而确保融投资的安全，而财务管理工作的开展也会间接发生改变。

（三）经济信息化方面

随着经济的不断发展，国与国之间的交流和联系更加密切，经济全球化的趋势已经愈演愈烈。随着经济全球化的发展，以跨国服务和商品为主要经营对象的跨国公司迅速发展起来。跨国商品和服务的产品流通模式及形式与传统经济有着很大的差别，经济技术也有着很多的变化，急需财务管理模式采取相应的方式。而经济信息化的发展是财务管理环境变化的重要部分之一，其以互联网技术和电子计算机技术为基础，通过信息的共享和技术的沟通，已经对经济运行的模式产生了巨大的影响。

二、财务管理环境变化对现代财务管理的影响

（一）资产评估体系构建方面

资金的平稳运行对企业发展与财务管理工作的开展有着重要的意

义，而资产评估体系的构建在很大程度上推进着财务管理水平的提升。很多企业在进行财务管理的过程中，会将重点内容放在知识资本的评估与管理方面。对于资产评估中存在的难点问题，相关管理团队也能根据实际情况，对相应的会计核算工作以及评估工作进行优化处理。

但是在实际资产评估的过程中，很多管理团队没有按照规范的计量模式或核算方法进行相应的工作。而这种情况的出现对资产评估的价值分析与评价有着一定的影响。在财务管理环境变化的引导下，相关管理团队能够提高对资产评估的重视，并根据实际财务管理环境的变化情况，对企业现金流量计量及管理模式等进行优化，制定出有利于企业财务管理的计价方式，推进资产评估体系的构建。

（二）财务管理网络优化方面

由于互联网时代的发展及电子计算机技术的推广，很多行业在发展的过程中都会将先进的网络技术及电子技术等应用其中，在顺应时代发展需要的同时，促进行业的平稳发展。各企业的财务管理模式也会受到财务管理环境变化的影响而发生改变，将网络技术及电子计算机技术应用到财务管理网络系统建设中，逐渐成为企业发展中的重要内容。合理应用网络及电子计算机技术，不仅能够有效解决财务管理工作中存在的问题，还能进一步提高财务管理的质量与效率。

例如，财务管理过程中会涉及很多的数据和信息计算及核对工作，但是相关工作人员在计算和核对的过程中，会受到某些因素的影响而出现问题。合理应用网络技术能够在很大程度上降低这类情况出现的概率，同时还能间接提高信息核对及数据计算的准确性，为财务管理工作的开展提供有利条件。另外，对财务管理网络进行建设与优化，还能实现企业资源的合理配置，提高企业信息共享的效率和价值，对财务管理人员积极性的提升也有着重要的意义和影响，因此需要企业相关财务管理团队提高对网络建设的重视。

（三）财务管理内容变化方面

除了上述两个方面外，财务管理环境的变化还会对财务管理内容产生影响。由于各企业财务管理的效率和质量会随着国家经济环境的变化而变化，企业要想保证财务管理工作的顺利开展，就应要求财务管理相关管理团队根据经济环境的实际变化情况，对相应的财务管理内容进行更新与优化。

财务管理环境的变化与经济全球化的发展有着密切的联系。近年来，随着很多大型跨国公司的出现，相关的融投资行为也成为普遍现象。而融投资模式的出现，不仅间接地提高了企业的经济水平及筹资的效率，而且还带动了计算机技术的应用与推广。融投资方法变得多样化，财务管理内容也变得充实起来。

另外，在财务管理内容发生变化的同时，一些跨国公司还会将新型的投资方式应用到实际的工作中，这不仅给企业发展提供了更多可参考的依据，还间接地促进了企业财务管理模式的创新与升级。虽然企业财务管理会受到一些因素的影响而出现风险问题，导致投资效率下降。但是，财务管理内容在改变的过程中，会间接优化企业受益模式和管理内容，能够在一定程度上规避风险，提高财务管理质量，对企业经济水平的提升有着重要的意义和影响。

(四) 财务管理理念革新方面

在经济全球化、金融全球化、信息化、知识资本化等经济环境的影响下，财务制度也应当从财务管理理念、财务管理内容、评估系统的构建、电子网络系统的构建等方面进行适当的调整和革新，以适应日益变化发展的经济形势，提高财务管理效率。财务管理环境主要包括经济全球化、电子商务化、企业核心重建等部分，面对这些环境的变化，财务管理也必然要做出一些调整，以适应大环境的发展。

受当前财务环境的变化影响，现代财务管理必须适时进行变革和创新。首先，在财务理念和理论构建上，应当重视工业经济和知识经济的全面发展，使其在保证经济增长的基础上，从技术层面和资金管理层面实现对企业财务管理的优化。也就是在传统财务管理工作的基础上，优化资金使用效率和风险规避制度，确保企业管理者能够正确地决策和投资。其次，企业应当积极促进财务管理创新。因为企业财务管理工作的目标是发挥资金的最大效用，并且能够最大限度地降低风险。而企业人员关系的协调和生产能力的激发又能够从根本上提高企业的效益，所以在财务管理上，应当将人员关系优化与财务创新相结合，在优化人员管理制度的基础上，实现财务关系的协调和创新。

三、财务管理的发展趋势

（一）财务理论和关系创新发展

为适应经济发展形势，企业进行生产经营过程中必须具备稳固的理论基础，以适应社会信息化发展，紧跟知识型经济发展步伐，提高企业的适应性和灵活性，保证企业财务管理工作的有效实施。随着环境的变化，财务管理的目标发生了一定的变化，由实现股东财富最大化转向实现企业价值最大化，以保证企业各个相关者的利益；财务管理的关系也发生了一定的变化，更加侧重于企业内部的管理，注重企业内部员工关系的维护，以营造和谐稳定的内部环境。

（二）筹资和投资丰富化

随着经济全球化的发展，金融工具更加丰富，企业在筹资和投资决策方面具有更多的选择，使企业的决策能力得到提高。网上融资模式的出现，为企业融资提供了一定的便利，使融资领域得到扩展，为企业提供了更加广泛的渠道，有利于实现企业内部资源的合理配置，提高了企业的总体竞争能力。筹资和投资方面的变化为企业合理利用资金提供了机会，降低了企业资金短缺的可能，保证了企业内部资金的流动性。

（三）受益分配合理化

实现利益最大化是企业存在的根本目标，合理分配收益是企业稳定运行的关键，知识经济的发展使得知识成为企业进行利益分配的一项依据。对于物质资本提供者来说，主要以资本所有权为依据进行分配。知识创造者在领取基本工资的同时，可以依据对知识资本的创造参与利益分配，获取相应的收益。

（四）预算评价体系专业化

财务管理工作离不开财务预算，各种报表是企业高层管理者进行决策的基本依据。因此，一个公平合理的预算管理体系对于财务管理工作至关重要，通过准确的数据分析，能够真实地反映企业运营状况，合理预测企业的偿债能力、盈利能力及市场表现情况等。按照预算考核结果进行奖惩，能够更好地推动合理有效的预算体系的建设，保证预算体系的专业性，实现企业的可持续发展。

随着经济形势的转变，财务管理的环境发生了一定变化，对财务管理工作提出了更高的要求，使得财务管理的内容和对象不断增加。为提高企业的核心竞争力，稳定企业在市场中的地位，必须结合市场行情和经济形势对财务管理进行创新，在理论结合实践的基础上改进财务管理工作，提高财务管理的灵活性，使其更好地适应财务管理环境的变化，从不同的角度满足企业发展的需要，促进企业更好更快地发展，从而实现企业经济利益的提高，达到企业的总体目标。

第二章

大数据对财务管理的影响

第一节　大数据的内涵

一、大数据的产生过程

随着时代的进步与科技的发展，大数据广泛应用于我们的日常生活中。常见的大数据是网络数据，如QQ、微博等社交平台上的数据，用户发送消息后，好友能够即时与其互动。随着数据数量的持续增长，电子商务交易数据成为大数据中的一种，这些数据具有实时生成、急剧增加的特点，便利店、百货超市、购物中心的售卖记录和购买信息数据都属于这一类型。另外，企业在进行管理工作时会产生大量的数据，金融服务业的业务交易数据数量也十分庞大。可以看到，互联网的普及与数字时代的来临使人们的生活发生了巨大的改变，同时也促进了社会生产的进步。总体上看，我们所使用的数据生成模式发生过三个阶段的变革，具体如下：

第一阶段是运营式发展阶段。这一阶段以数据库技术为基础。当数据库运用于各行各业，人们的数据管理工作将更加精准，数据管理过程也将得到简化。一般而言，运营式系统多借助数据库，因为数据库是运营系统的子系统，能够为数据的管理做出突出贡献。比如，银行的业务交易记录系统、医院的看病记录系统都应用了数据库。数据库被运营式系统用于数据管理工作后，其所能获取的数据数量急剧增加，但这种数据不是主动产生的，需要人为控制。

第二阶段是用户主动创造内容阶段。信息技术的广泛应用极大地改变了人们的日常生活和生产。随着互联网时代的到来，网络使用者的数量大幅增加，人们可以借助QQ、微信等平台展开互动交流。这一阶段是人们主动上传行为数据的阶段。这一阶段的数据增长来源于两个方面：一是用户自主提交的行为数据，二是用户与他人的互动产生的数据。这些数据具有强大的传播力，而且是主动产生的。

第三阶段是进入感知式系统阶段。这一阶段的数据数量有了很大的增长，大数据时代真正到来。在这一阶段，人们发明了体积小却具备处理功能的传感器。传感器既能够实现对整个社会的实时监控，又能持续上传新的数据，因此得到了各个行业的青睐。这一阶段的数据是自动产生的。

综合整个数据产生和发展的过程，可以发现数据产生方式从被动、主动逐渐发展为自动，这表明了运营式系统、用户原创内容系统、感知式系统的升级进步。可以说，大数据来源于以上三种模式，但感知式系统的数据对大数据的生成起着决定性作用。

二、大数据的概念界定

（一）大数据的定义

大数据是当今数据分析领域的领先技术。IT 行业中大数据、数据分析、数据安全等受到极大的关注。大数据不仅涵盖网上的所有信息，更重要的是还包括广泛应用于生活中的传感器所持续实时上传的大量数据。在新的处理模式下，大数据对决策与观察起着决定性的作用，其可以简化流程、提高速度，使来自各个途径的大量信息资源得到处理。简而言之，大数据技术能够对不同类型数据进行分析，通过处理得到有用的信息。随着网络、传感器与服务器等设备不断更新升级，大数据技术借助这些设备渗透到企业的实际运营中，为企业带来了不可估量的经济收入，创造了极大的社会价值。

除此以外，认清信息和数据的辩证关系至关重要。数据与信息的关系十分紧密，信息以数据为载体，数据经由信息反映出来。知识历经归纳与整理两个环节，最后反映社会的规律信息。信息时代的来临推动了数据覆盖范围的扩展，数据不再仅指“有意义的数字”，还可以用来指所有储存于电脑内的信息，这些信息以多样化的形式储存，包括文本、视频和图像。发生这一转变的原因与数据库的出现密切相关。20 世纪 60 年代，软件科学创造了许多成果，数据库就是其中之一，之后所有的文本、视频等都可以储存在数据库中，数据因此逐渐用来指代一切文本、视频、图片和数字。通俗地理解，对数据进行加工就形成信息，也就是说信息是经过数据处理产生的结果。信息体现数据的内涵，而数据是信息的存在形式，数据本身不具有任何意义，只有当数据与人们的行为发生反应时才变成信息。信息能够以独立的形式存在，且在离开信息系统的每个阶段时都具有这一性质。

（二）大数据的分类

大数据根据来源可归为四种类型，即互联网数据、科研数据、感知数据、企业数据。

互联网数据特别是社会平台占据了大数据的主要部分。大数据技术的升级与国际互联网公司的发展密切相关。比如，致力发展搜索领域的百度与谷歌的数据规模超过了上千拍字节；人们日常生活经常使用的天猫、亚马逊的数据超过了上百拍字节。拥有超高计算速度和杰出性能设备的研究机构是科研数据的主要来源，天文望远镜或者强子对撞机就属于这类设备。虽然感知数据和互联网数据的重合程度不断加深，但是感知数据的规模非常庞大，甚至比社会平台的数据还要多。企业数据有多种类型，因此企业也能够借助互联网收集许多感知数据，并且数据增长速度也非常快。企业外部数据能够收集社会平台数据，内部数据则由结构化数据与非结构化数据共同组成，而且非结构化数据占比不断增加。企业数据已经从最开始的邮件与文档等发展到社会平台和感知数据，这些数据具有多样化形式，如视频、音频、图片等。

三、大数据的技术组成

大数据技术可分为大数据工程、大数据科学与大数据应用。大数据工程就是按照规划而开展的对大数据的建设以及运行管理的整个系统。大数据科学致力于发现在大数据不断发展与运行中存在的规律，并且对大数据和活动之间的关系进行检验。大数据应用指的是将大数据技术投入社会生活的应用之中，以帮助社会大众解决现实问题。大数据要求对庞大的数据实现高效处理，如云计算平台、分布式数据库、大规模并行处理数据库、可扩展的存储系统、分布式文件系统与数据挖掘电网等。现在进行大数据分析所使用的工具来自两个生态圈，即开源和商用，HBase、Hadoop HDFS 都属于开源生态圈，数据仓库、数据集市与一体机数据库则属于商用生态圈。随着人们对大量数据处理的需求不断增多，大数据技术也不断升级，储存与处理技术、有关分析算法研发及超级计算机的出现使大数据在社会各领域的运营成为可能。

综合来看，大数据技术指的是能够从大规模的数据中提取出有用信息的科学技术。随着科技的发展，与大数据相关的新技术不断被开发研制出来，社会各行各业也愈加重视大数据技术，而新技术的出现也有效推动了大数据的收集、储存、分析处理与使用等工作的进行。具体而言，大数据应用过程中最常使用的技术包括大数据收集技术、大数据分析与挖掘技术以及大数据预处理技术等。

（一）大数据收集技术

大数据收集包括两个层次：一个是智能感知层，另一个是基础支撑层。智能感知层能够对不同类别的庞大数据进行感知，可以感知的数据类型包括结构化数据、半结构化数据以及其他的数据类别。智能感知层的运行过程包括多个阶段，先对不同类别的数据进行自动识别，然后对大数据定位、跟踪与访问、上传、转换信号、监测、初步处理与管理；基础支撑层指的是为大数据提供数据和资源支撑的系统环境，具体包括计算存储资源、关系型数据库、列式数据库、中间件、大数据处理平台等，既包括软件支撑环境，又包括硬件支撑环境。

（二）大数据分析与挖掘技术

大数据分析的目的是经过对庞大的数据的分析，从中发现一些有价值的信息，从而为用户适应环境的改变提供帮助，提高决策的准确性和合理性。大数据分析技术由下面五个要素构成。

第一，可视化分析。当人们应用大数据分析时，不管是专业人员还是一般用户，都需要用到可视化分析。数据可视化分析能够使结果更加直观，让人们读懂数据。

第二，数据挖掘。数据挖掘是大数据分析形成的理论基础。不同类型的算法能够增强我们分析数据的能力，提取数据中的有效信息，发挥数据的价值。这些算法既可以处理大规模的数据，又可以使数据处理速度实现最大化的提高。

第三，预测分析能力。专业人员在开展预测性分析工作时，需要使用之前数据分析与挖掘所得到的结果，从而对之后的形势做出预测性判断。

第四，语义引擎。语义引擎在设计时要注重人工智能功能的研发，使其可以自动对数据进行信息提炼，找出数据的规律。

第五，数据质量与数据管理。当前，社会生活中每天都会产生大量的数据，如何在大量的数据中找到有价值的信息，需要提升数据质量与数据管理水平。

（三）大数据预处理技术

使用上述收集技术收集到庞大的数据后，需要使用大数据预处理技术，这一技术一般应用于那些已经接收的数据。大数据预处理主要包括四个环节，即数据清理、数据集成、数据变换、数据规约。其中，数据清理的内容包括噪声数据、不相同数据以及数据中的遗漏值，这一环节能够为之后的数据分析、挖掘工作提供精确、系统、清晰的数据。

四、大数据研究的范围

（一）理论研究层面

理论研究层面主要包括大数据的特点和总体情况、大数据的经济价值研究、大数据的发展等方面。

（二）技术研究层面

第一，分布式处理技术/分布式处理平台。这一技术能够使位置、功能、数据不相同的计算机进行协调合作，通过对计算机的控制系统进行调控，达到分析和处理数据的目的。

第二，数据挖掘。数据挖掘是数据处理时的关键步骤，也称数据勘探、数据采矿。这一环节主要进行知识挖掘，因为在庞大的、复杂的、无规律的数据中能够挖掘出暗藏的、不为人知的、有用的数据。电商平台就对数据挖掘有着广泛应用，他们能够通过收集客户的浏览信息，了解客户的特征、喜好。

第三，云计算。云计算的功能是给予数据资源以储存、访问的平台。简单地说，云计算建构出了数据所需要的基础架构平台，使大数据的使用成为可能。

第四，个人的大数据。个人的大数据指的是人们在运用网络时所产生的一系列数据，常见的有人们的注册信息、登录用户名、密码、历史记录等。这些数据都能够储存在数据库里，但也存在数据被他人非法获取而导致个人隐私泄露的情况。

第五，储存技术。储存技术为大数据的分析和处理提供了基本保障。如互联网巨头谷歌与百度都有着几十万台的服务器，而且它们的储存设备一直在持续增加，为技术开发创造了条件。

(三) 实践研究层面

第一，政府的大数据。政府部门有着社会各方面的大量数据，如天气、教育、医疗、税收、交通等。如果这些数据能够得到合理的运用，它们的价值便能得到最大的实现。

第二，企业的大数据。企业管理层局限于报表数据，更期待得到对经营决策有帮助的大数据，尤其是实时的大数据，而不是那些已经过时的技术。

第三，互联网的大数据。人们在使用互联网时会产生大量的数据，包括购买倾向、出行方式、消费方式、吃饭习惯、社交软件使用等。这些数据都能够用来对人们的行为习惯进行分析，通过数据挖掘获取有用的信息。

(四) 内涵探究层面

从人类的认识史层面分析，不难发现信息的认识史实际上反映了人类的认识能力不断提高和实践不断拓展的历史。人类社会曾出现过四次信息革命。第一次革命以语言的出现为标志。语言作为人们进行实时交流与信息沟通的手段，促进了人际关系的构建，使人们对世界有了更清楚的了解。语言的出现反映了人们认识和表达世界的需要，而且反过来给世界带来变化，可以说，语言是人们思维产生的基础。但是，语言具有一定的不足与缺陷，即语言无法打破时空限制。第二次革命是文字的发明和造纸与印刷技术的出现。这次革命使人们的思想打破了时空的约束，能够跨越时空传播，但是文字的传播离不开大量的交流成本与传播成本。第三次革命以通信的出现为标志。电报、广播、电视使文字、声音与图像可以长距离实时传播，为之后的计算机和互联网的出现提供了基础。第四次革命以电子计算机和互联网的出现为标志。这是一次历史性的结合，其特征是把一些信息转化为数据，以数字的形式进行表达，整个世界能够用数字以及逻辑关系进行建构。信息技术与电子计算机的完美结合大幅度提升了信息传播与处理的速度，同时，人们对信息的掌握与使用能力也有了极大提升，人类社会正式迈入信息社会。

五、大数据的“4V”特征

对于如何定义大数据特征，不同的学者的看法不同，这是因为它包含的内容比较多，很难通过简单的表述来进行精确的定义，但大家都认同大数据的特点在于“大”。这个“大”不仅指其包含的数据量很大，还意味着通过大数据实现的目标已经远远超越了计算机领域。那么，如何让这些庞大的数据发挥其应有的作用呢？答案是我们必须知道如何处理这些数据。目前，市场上已经有了比较成熟的数据处理体系，包括从采集数据开始到研究、定义等过程，还包括相关的数据处理平台、系统等。可以说，能否深层挖掘大数据的价值，应用大数据指导生产生活，是衡量大数据技术进步的指标。从这个意义上看，大数据技术的关键在于掌握数据特点，并能通过这些特点分析出未来的发展方向。大数据的“4V”特征主要指数据体量大（Volume）、数据多样性（Variety）、数据价值高（Value）和计算速度快（Velocity）。

（一）数据体量大

在计算机科学领域，数据指的是所有能够被计算机识别并分析的符号的介质总和，包括数字、字母和模拟量等。这些符号按照一定的顺序进行排列组合，有其实际的表达意义，是信息系统的基本组成单元。计算机系统一般应用二进制信息单元，以 0 和 1 表示。字节（Byte）是数据的最小单位，每 8 个二进制组成一个字节，其进位关系是 1 024（2 的 10 次方），如 1 KB 换算为字节，是 1 024 B。

我们日常所用的个人计算机的硬盘容量以 TB（太字节）计算，但在一些领域，其产生的数据已经接近 EB（艾字节）了。虽然关于许多大量的数据才可以被称为大数据，学者并没有进行清晰的划分，但一般认为大数据是在 PB（拍字节）级别的数据集合。但数据量的单位不是判断这个级别的数据集是否为大数据的标准，其决定性因素在于计算机处理数据的效率能有多高。例如，20 世纪 60 年代的计算机技术并没有充分发展，从当时的计算机处理水平来看，处理 MB（兆字节）级别的数据所花费的时间已经很长了。因此，现在大数据技术之所以成为发展的主要方向，关键在于计算机技术的发展，无论是在软件方面还是在硬件方面，计算机处理数据的能力都有了飞跃式的提高。也正因为这个原因，相应的数据产生速度加快，造成了数据总量的爆发式增长。IDC（互联网数据中心）可以为 ICP（互联网内容提供商）、企业、媒体、各类网站提供大规模、高质量且保障安全的多种业务，包括服务器托管、空间租用、网络批发宽带等。通过 IDC 对相关数据的统计和分析不难发现，无线技术、智能产品和软件研发等企业的出现是全世界数据极速增长的关键因素。

（二）数据多样性

计算机技术的发展，特别是在硬件嵌入式技术上所取得的突出成就，促进了智能终端的全方位、多角度式的普及，使人们采集的数据类型发生了变化，逐渐由结构化数据转为非结构化数据，即从储存在数据库中的用二维表结构来表达实现的数据转向了视频格式、音频格式，以及图像化、序列化的文件格式的数据。目前，非结构化的数据量远远大于结构化数据量，但非结构化的数据没有办法用数字或统一结构表示。由于分析对象不同，分析所用的方式也不同，所以现在的大部分数据分析所采用的数据处理方式并不统一。因而，要处理这些类型各不相同的数据，必须发展更高的数据处理能力。

（三）数据价值高

从前的计算方式总是先规定好计算的目的，再分析和选取有用的数据，淘汰掉没用的数据。这种看似快捷的计算方式存在的问题是，那些被淘汰掉的数据只是对这个计算没有作用，未来也许可以为其他的计算提供价值。现在，数据的容量越来越大，我们可以将这些因为不同的计算目的分别收集的数据都存储下来，进而实现数据价值的最大化。当然，这种不加筛选的数据存储模式也造成了大数据的又一个特点，即价值密度低。价值密度与数据体量成反比，体量越大，价值密度越低。当今时代，数据来源多种多样，数据的总量也在不断增长，要想从这些数量庞大、类型多样的数据中准确提取用户的目标数据，需要快速地对数据进行整体性分析，然后根据不同用户需求分类处理并完成计算任务。

（四）计算速度快

在大数据时代，数据的时效性大大降低。数据从产生、存储、使用、归档到最后被丢弃，也许转瞬即可完成。这就意味着一些数据现在可能是有用的，一秒之后就可能毫无价值。为了更快速、准确地分析这些数据，著名的“1 秒定律”（秒级定律）出现了，就是在处理数据时一定要快速，这对大数据技术的应用非常关键。在实际操作中，运算过程的时间要以秒计算，数据处理的时间单位是区分传统数据处理技术和大数据处理技术的关键指标之一。从这个意义上来说，大数据技术是传统数据技术的一次质变，并且终将取代传统数据技术。

第二节　大数据技术的时代意义

随着互联网的高速发展，互联网行业应用的内容本身发生了根本性变化。以往的互联网行业更加注重技术上的创新，如今，随着互联网在人类社会的普及，越来越多的互联网行业不再单纯追求技术上的竞争，而是尽可能借助大量与行业相关的有效数据进行分析调查。

一、日益丰富的数据产出

现如今，各类与互联网相关的电脑或者手机程序都热衷于收集数据，这一切随着互联网的普及以及各行业在互联网的渗入，开始迅猛发展起来。随着科学技术的发展，数据覆盖范围越来越广，规模越来越大，种类形式层出不穷，结构组分愈加复杂。

二、数据成为当今社会的宝贵资源

越来越多的企业意识到，数据覆盖越广，规模越庞大，形式种类越多，组分越复杂，这组数据的可利用性就越高。其中，准确、全面的数据是相关企业用于发展完善的一大利器，也是现代社会企业竞争中不可或缺的一项宝贵资源。通过完整的数据链科学分析，运用先进的技术和思维对相关的信息进行提取，企业可以更好地理解客户的需要。需要指出的是，大数据的获取并不是所有企业都能做到的。

三、推动了科学技术上的磨合

数据来源于人们生活中的各个方面，如今的大数据时代让这一点变得更加显而易见。随着大数据时代的到来，与其获取、分析等环节相关的新技术接踵而至，如物联网、计算中心、云计算等，这些新技术促进了各类技术在其他领域中的共同进步与磨合。不仅如此，大数据时代对人才也有着更加严苛的标准——必须兼有多个学科专业的知识。

四、带来新的思维模式

面对庞大复杂的数据，如何更快和更有效率地普及、整合、提取有价值的信息，是很多互联网企业十分向往的。这对我们的思维也产生了影响。第一，信息的准确性不再是最重要的，其覆盖率以及数量规模让信息有了更大的适用性。第二，小数据标本有限，再精准复杂都抵不过大数据最简单的算法，因为大数据包含着更大范围的人们的信息以及想法。第三，大数据作为实践后研究调查的一环，让事实具有更强的说服力，因此数据科学家开始替代“专家”。第四，事物之间的联系不再只有单纯的因果，而是涉及很多复杂的相关因素。第五，数据要整体分析，而不是抽样分析，分析后要尽可能提取更有价值的信息。

第三节　大数据时代财务管理面临的挑战

一、传统的事务性财务管理已无法满足现代企业管理的需要

仅仅做好账务核算，针对月度或年度的财务报表进行分析，已无法给企业管理层做出及时、准确的决策带来帮助。尤其是在大数据时代，面对大量的数据信息及各种新技术、新业务模式的冲击，财务管理如果仅仅是“摆数据”，对企业发展和变革来说，是起不到支持作用的。因此，财务管理应该以更主动、更积极的方式来为企业服务，要实现从“事务型”向“经营管控型”的转变，要更加注重数据的及时性以及财务数据与业务数据的融合。在业务流程中，预算是一切活动的开始，预算与业务流程的融合能够制定出更切实可靠的预算方案；收入是业务流程的核心，通过梳理各个业务环节所涉及的收入点并绘制收入风险图，以监控收入全程，保障收入实现；成本管控与业务流程的融合则更能体

现精益财务的思想，借助信息系统能够对成本发生点进行监控，并及时调整资源的分配；资产是一切经营活动的基础，资产管理与业务流程相结合能够获取更详细准确的资产使用和需求状况；风险控制与业务流程的融合则更加满足了全面风险管理的要求。在大数据时代，微博、微信、博客等传播介质中的各类与企业相关的信息，有的看起来很有用，实则与企业没有关联度；有的看起来微不足道，实际却与企业的发展战略息息相关，然而对这些信息的处理需要耗费大量的人力和物力，而且只有具有财务与数据分析能力的专业人才才能胜任此项工作。

二、现代企业管理已经不满足于用企业资源计划等手段进行事后管理

由于竞争的加剧，以及对数据时效性的关注，企业管理层希望得到更富有洞察力、更富于前瞻性的数据和分析。这也给传统的财务分析模式带来冲击。财务人员对于大数据的整合和分析能力将得到关注和提升，要在繁杂的数据中去粗取精，化繁为简；能灵活根据管理需求多维度对财务数据进行分析；能运用大数据准确地预测未来的趋势和变化，这些都将给企业经营带来极大的价值。企业利用大数据强大的数据处理功能使财务管理人员脱离繁杂的工作成为可能。企业通过建立数据仓库、数据分析平台，使财务管理工作变得十分高效、流畅，同时财务管理的远程化、智能化和实时化也会成为可能。通过对财务信息和人力资源等非财务信息的收集、整理和分析，大数据可以为企业决策提供强大的数据支持，帮助企业选择成本最低、收入最高、风险适中的方案和流程，减少常规失误，最大限度地规避风险，使得企业的财务管理工作更具前瞻性和智慧性，企业的内部控制体系得以进一步优化。

三、业务和财务数据的协同需要解决

大数据分析是优化配置各个部门、各个子公司人力资源的最佳方

案。企业要适应时代之需，建立新财务模型，通过分析大数据，找到配置各类资源的最佳路径和最便捷的工作路线图，从而降低成本、节约资源、提高效率，为企业制定科学发展方案提供依据。为适应新技术所带来的业务模式变化，企业的发展会通过纵向和横向两个维度展开，同时一系列的重组兼并也将会展开。如果这时财务管理依然停留在传统“事务型”的状态，一方面，其无法对企业实施有效兼并带来帮助；另一方面，在兼并后，企业间的业态差异、管理水平差异等会导致整体管理难度加大。因此，如何实现业务和财务数据的协同、下属企业管理需求的统一，以达到企业管理水平的提升，是企业在大数据时代迫切需要解决的问题。

四、财务管理信息需要更深刻地挖掘

在大数据时代背景下，企业获得财务管理信息的主要途径除了传统的财务报表外，利用大数据技术，企业可以从业务数据、客户数据等方面挖掘更多的财务管理信息。以计算为核心的大数据处理平台可以为企业提供一个更为有效的数据管理工具，提升企业财务管理水平。很多企业对自身目前的业务发展状态的分析只停留在浅层面的数据分析和进行简单的汇总信息，在同行业的竞争中缺乏对自身业务、客户需求等方面的深层分析。管理者若能根据数据进行客观、科学、全面的分析后再做决定，将有助于减少管控风险。

企业在大数据时代的背景下，不仅需要掌握更多、更优质的数据信息，还要有高超的领导能力、先进的管理模式，如此才能在企业竞争中获得优势。除了传统的数据企业平台以外，可建立一个非结构化的集影像、文本、社交网络、微博数据于一体的数据平台，通过内容挖掘或者企业搜索，开展声誉度分析、舆情化分析以及精准营销等。企业可随时监控、监测变化的数据，开展提供实时的产品与服务，即实时的最佳行动推荐。企业的创新、发展、改革，除了传统的数据之外，还要把非结构化数据、流数据用在日常企业业务当中，对产品、流程、客户体验进行实时记录和处理。企业可融合同类型数据，互相配合进行分析，以突破传统的商业分析模式，带来业务创新和变革。企业可通过微博等社交媒体把需要的文档、文章放进非结构化的数据平台中，对其中的内容进行字、词、句的分析和情感分析，同时还有一些关系实体的识别。通过这些内容，可以帮助使用者获得更加真实、更具经济价值的信息，帮助股东加强对企业管理层的约束力，帮助部分中小企业解决融资难的问题。

五、财务管理信息对企业决策的支持力度需要提升

企业在大数据时代背景下能够获得多维度的海量数据信息。在原来的工作模式中，企业可能无法应对如此繁杂的数据，但在大数据条件下，企业可以建立一个大数据预测分析系统，让企业从繁杂的数据监测与识别工作中解脱出来，为企业赢取更多的时间来进行决策与分析。大数据运用的关键在于有大量有效且真实的数据。一方面，企业可以考虑搭建自有的大数据平台，掌握核心数据的话语权，在为客户提供增值服务的同时，获得客户的动态经营信息和了解客户的消费习惯。另一方面，企业还要加强与电信、电商、社交网络等大数据平台的战略合作，建立数据和信息共享机制，全面整合客户有效信息，将金融服务与移动网络、电子商务、社交网络等密切融合。另外，大数据时代的到来和兴起也大大推动了企业财务管理组织的有效转型，为企业财务管理工作提供了优化的契机。大数据除了可提升企业管理信息化水平以外，还应该成为企业财务管理人员整合企业内部数据资源的有效利器。因此，企业在聚焦财务战略的过程中，企业财务管理人员需要掌握经营分析和经营管理的权利，将企业财务战略管理的范畴扩展到数据的供应、分析和资源的配置，积极推动财务组织从会计核算向决策支持的转型。

六、财务管理信息的准确度需要提升

财务报告的编制以确认计量记录为基础，然而由于技术手段的缺失，财务数据和相关业务数据作为企业的一项重要资源，其价值在编制报告的过程中并没有受到应有的重视。受制于技术限制，有些企业决策相关数据并未得到及时、充分的收集；或者由于数据分类标准差异，导致数据整合利用难度大、效率低。因此，相关财务管理信息不精准，大量财务管理数据在生成财务报表之后便处于休眠状态而丧失价值。但大数据使得企业高效率地整合、处理海量数据成为可能，大量财务管理数据的准确性得以提升。企业目前的困境之一是现有的财务部门的工作人员缺乏信息化数据处理的思维与能力，对大数据技术的认识不足，而有关技术部门的人员虽然具备一定的信息化处理思维能力，但由于对财务管理相关方面理解不到位，导致不能从海量财务数据中提取出对企业有价值的信息。因此，在信息技术不断发展的同时，企业要高度重视综合性人才的培养、引进。财务数据是企业财务管理的核心，大数据时代，财务数据更多的是电子数据，这就需要财务管理人员尽快通过集中处理数据来提取对企业有用的信息，建立企业需要的新的数据分析模型，合理存储和分配财务资源，进而做出最优的财务决策。

七、企业财务人员的角色需要转变

从企业财务管理的角度分析，大数据为财务人员从记账复核和简单的报表分析向高层管理会计转型提供了机遇。大数据技术能够帮助财务人员解决传统分析难以应对的数据分析难题，及时评价企业的财务状况和经营成果，从而揭示经营活动中存在的问题，为改善经营管理提供明确的方向和线索。财务管理者应清晰地认识到，对投资人决策有用的信息远远不止财务信息，伴随着大数据时代的到来，真正对决策有用的应该是广义的大财务数据系统，它包括战略分析、商务模式分析、财务分析和前景分析，它所提供的财务报告应该是内涵更丰富的综合报告，该报告能够反映企业所处的行业背景，对企业战略、治理、业绩和前景等重要信息进行整合并列示。另外，综合报告中的非财务信息比例增大并进行了准确量化。

在大数据时代，CFO（Chief Financial Officer，首席财务官）将在企业价值创造中扮演更重要的角色。大数据时代CFO的主要职能在于进行更有效的企业价值分析和价值创造。运用财务云等先进的管理技术，CFO能对大量的财务、商业数据进行分析处理，发掘出对企业有价值的信息，优化企业业务流程，将资源更好地配置到快速增长的领域，从而为企业创造更大的价值。这要求CFO进一步强化对企业经营活动的反应能力、风险控制能力及决策支持能力。对于一般的财务人员来说，在应对大数据方面，需要更强的数据处理能力作为支撑。大数据时代，财务数据更多的是电子数据，这就要求财务人员更好地掌握计算机技术，能从大量数据中抽取对自己有利的内容并为己所用。日益复杂的财务环境对企业财务管理提出了更高的要求，而培训又是提高员工综合素质最有效的手段，所以企业需结合自身的实际情况，聘请有经验的专家指导财务管理人员的工作，激发员工学习的积极性，提高财务管理人员的业务能力。

第四节　大数据对企业财务管理精准性的影响

一、大数据时代下的企业财务精细化管理要求

（一）增强精细化财务管理理念

目前，市场经济发展迅猛，企业之间的竞争激烈，企业要想获得长远发展就必须提高管理水平，其中财务管理工作占有重要地位。目前，有些企业的管理者没有注重改革财务管理方式，没有建立全面财务管理体系，导致财务管理工作的片面性，影响了企业的经济效益。基于此，

企业财务管理工作应该增强精细化财务管理理念。精细化财务管理是一种现代化的财务管理机制，更加适应企业的发展。企业通过建立科学的管理体系，分解业务流程的各个环节，然后再向企业内部推行计划的精确化、决策制作的精确化、成本控制的精确化、员工考核的精确化等，从而最大限度地节省资源，降低管理成本，实现最深层次的企业价值的挖掘。精细化财务管理要求企业深化对财务工作职能的认识，将财务工作由记账核算型向经营管理型进行转变。

（二）提高对财务分析的重视程度

企业管理者要帮助和支持财务分析人员熟悉本企业的业务流程，尊重财务分析的结果，组织和协调各部门积极配合财务分析工作，这样才能发挥财务分析在企业经营管理中的重要作用。管理者应当定期或不定期地召开财务分析活动会议，肯定成绩、明确问题、提出建议或措施、落实责任，使财务分析在实际经营管理中发挥应有的作用。此外，财务管理人员要切实做好财务分析工作，不断提高分析质量，为改善经营、提高经济效益提供科学依据。

（三）改进财务分析方法

财务分析应多用定量的分析方法，以减少因为分析人员的主观偏好而发生的财务分析失真的情况。在财务分析中，可以较多地运用数据模型，既可以推广运用电子计算机处理财务信息，又可以进一步改进财务分析的方法，增强财务分析的准确性和实用性；还可以按照国家财务制度，联系相关法规政策，考虑不可计量因素进行综合论证，并实际修正定量分析的结果。定量分析与定性分析的结果必须结合起来综合判断，修正误差，使结果更趋于客观实际。对于那些有条件的企业来说，还可以聘请外部人员进行财务分析，以减少分析的主观性。

（四）完善财务精细化管理机制

首先，建立健全企业财务管理监督机制。财务管理监督机制是促进财务管理工作顺利开展的基础保障，主要针对的是企业资金的预算、拨付、核算等工作。要全面做好监督管理工作，确保财务信息的真实有效性，确保企业资金得到合理运用，确保整个企业财务管理的有序进行，建立健全内部控制制度。完善的财务内控制度有利于约束财务管理行为，保障财务管理成效。一方面，财务内控制度需要注重增强财务审计的独立性，通过财务审计确保财务管理的质量；另一方面，还要充分考虑外部市场环境，优化和完善内控制度，提高财务管理水平。其次，建立财务管理考核评价机制。这有利于约束财务人员的行为，通过奖惩措施增强财务工作人员的工作积极性和主动性。

（五）充分利用大数据

在大数据时代，数据管理技术水平不断提高。在财务管理的数据管理中，可以充分利用大数据，从数据收集、数据存储、数据分析、数据应用等几个方面有效地进行管理。需要注意的是，要保障财务数据的真实性、准确性，这样才能更好地体现数据的价值。此外，如果数据收集不到位，就会导致财务管理工作捉襟见肘。由此可见，在大数据环境下，企业财务精细化管理的首要工作就是财务数据的收集。因此，要不断拓展数据收集渠道，综合考虑企业发展的各方面财务信息，满足企业财务管理需求。再者，数据快速增长也给数据管理带来更大的压力，需要做好数据存储工作。这就要求企业加强内部硬件设施和软件设施的建设，并且根据企业的发展情况，完善财务数据库，系统地进行数据整合和储存，为企业财务分析提供良好的数据基础；同时，为了应对大数据的发展，企业还要加强财务人员的管理和培训，提高财务管理人员的数据分析能力和数据应用能力，保障对数据进行合理的整合、归纳、分析以及应用。

（六）提高财务人员的整体素质

随着信息技术的普及推广，会计电算化不断发展，但是会计电算化只是分析的手段和工具，财务分析人员才是财务分析工作真正的主体，财务人员素质的高低直接影响财务管理的质量。因此企业应当选拔一批优秀的财务人员担任这项工作，同时在企业内设立专门的财务分析岗位，培养适应本企业的专业分析人员。在选拔财务分析人员的过程中，应同时注重基本分析能力、数据的合理修正能力和综合分析能力，切实提高分析人员的综合素质。再者，为了让决策者不做出错误或者过于追求短期效益的结论，要求财务分析人员应不断提高自身的专业技能水平和职业道德素质，加强对财务报表分析人员的培训及职业道德素质建设。

（七）企业财务管理信息化

在企业财务管理中引进先进信息技术，可以确保企业财务管理工作的有效性和准确性。目前，我国企业已经采用和推广信息化管理技术并取得了一定的成效。和传统的财务工作相比，企业财务管理信息化具有很多优点：可以利用信息技术对基础数据进行收集、整理和分析，提高财务数据的准确性；有利于避免企业管理人员对财务工作的干涉，确保财务管理的公正性、真实性和准确性；通过利用信息技术，使财务工作的效率大大提高，节省了人力和物力。

二、大数据时代下如何提高企业财务管理精准性

（一）企业财务管理应加强贯彻会计制度，夯实会计基础

结合企业财务管理的特点和现实需要，在企业财务管理过程中，加强贯彻会计制度并夯实会计基础，对企业财务管理而言意义重大。从当前企业财务管理工作来看，鉴于财务管理的专业性，在财务管理工作中，应对财务管理的相关法律法规给予足够的重视，并在实际管理过程中加强贯彻和落实，保证会计管理取得积极效果。

除了要做好上述工作之外，企业财务管理还要对会计基础给予足够的重视。应在实际工作中强化会计管理的基础性，通过建立健全会计管理机制，优化会计管理流程，使会计管理质量和准确性得到全面提升，有效满足企业财务管理的实际需要，达到提高企业财务管理质量的目的。为此，贯彻会计制度、夯实会计基础，是提高会计管理质量的具体措施。

（二）企业财务管理应强化企业内部协调机制，加强财务管理与业务工作的融合

现代市场竞争环境和财务工作在企业管理中的地位，决定了财务工作必须采取与时俱进的基本态度，财务管理应结合企业组织结构、产品

特点、业务流程、管理模式等具体情况，将真正适合企业的管理新方法、新工具应用到实际工作当中，使企业财务管理工作能够在管理理念、管理流程和管理方法上满足实际需要，达到提高企业财务管理水平的目的。

基于这一认识，企业财务管理工作应积极建立内部协调机制，使企业财务管理工作与其他业务工作能够全面有效开展，充分满足企业财务管理的需求，实现对企业财务管理工作的有效监督，确保企业财务管理在手段、内容和管理流程上处于严格的监管之下，保证企业财务管理的准确性，使企业财务管理工作能够在整体水平上满足实际需要。

因此，企业财务管理工作并不是单一的工作内容，要想提高企业财务管理工作的整体质量，就要将财务管理工作与其他业务工作相结合，使企业财务管理工作能够成为其他业务工作的促进因素，保证企业财务管理工作取得实效。

（三）企业财务管理应将资金管理作为主要内容，满足企业资金需求

在企业财务管理中，资金管理是主要内容，只有做好资金管理，才能增强企业财务管理的实效性。基于这一认识，企业财务管理应从实际出发，制定具体的资金管理策略，提高企业资金管理质量，满足企业资金需求，达到提高资金管理效果的目的。

首先，企业要加强管理，提高自身信誉度，注重内部资金节流，加强存货和应收账款的管理，减少产品在企业内部停留的时间，使企业内部资金管理实效性更强，对企业经营管理的支撑效果更好。

其次，企业要建立自身的诚信形象，主动与金融机构互通信息，建立良好的银企关系，通过交流体现出自身的诚意与实力，如此才会成功获得银行融资。这一工作已经成为企业财务管理的重要内容，对企业的经营管理产生了重要影响，是企业提高整体效益的关键。

最后，企业应强化资金使用效率，提高资金管理质量，确保资金管理工作得到全面有效的开展，使企业的资金管理工作取得实效。

第五节　大数据对企业财务管理人员角色的影响

一、大数据对财务管理人员角色的影响分析

大数据时代，随着信息网络和企业一体化管理软件的普及，财务管理人员从账簿的束缚中解放出来，更多地参与企业的管理和辅助决策工作，这样的角色变化更加凸显财务管理人员的管理职能。

（一）大数据时代为财务管理人员管理职能的发挥提供了条件

财务管理主要包括核算、反映和监督三大职能，财务管理人员收集数据、陈列信息，并对企业的宏观管理施加影响，都是以信息为基础，分别对应不同的信息处理层次。财务管理人员应当扮演起“管理者”的角色，但由于各方面的原因，财务管理人员的“管理者”角色一直没有得到承认，其“管理性”被忽略。大数据使得财务管理人员为企业提供多样化的决策信息，并对日常的企业经营活动进行管理，使财务管理人员的“管理者”角色日渐突出。在大数据时代各种管理工具的支持下，财务管理人员将进一步发挥基于信息的管理职能，财务管理人员将从“核算者”变成“信息人”，并进一步成为“管理者”的角色。

（二）数据生产方式的转变

数据生产方式的转变是财务管理人员角色转变的动因，随着大数据浪潮在全球范围内蔓延，信息的“生产”工作变得简单便捷，财务管理人员脱离数据信息，“直接生产者”的角色势在必行。大数据时代的企业财务数据随时都处于动态当中，是动态实时的数据，大数据的真正价值在于收集、处理庞大且复杂的数据信息并从中获得新的知识。此时的财务管理人员应该从收集和处理财务信息的工作中分离出来，交给专门的信息中心去解决，财务管理人员更重要的工作是对财务信息进行综合和判断，对企业的运营提出预测、给出建议、帮助决策及监测企业战略

的实施，扮演好“顾问”“预测者”“风险监测和管理者”等角色，成为专业技能、多面管理的企业运行管理者。

二、大数据时代财务管理人员角色转变的趋势

大数据时代，各种信息网络技术、企业一体化及智能化管理工具的应用，使得财务管理人员由原来的直接财务信息生产者，变为利用财务信息的管理者。在这种实质性的改变中，财务人员尤其是高级财务管理人员群体，将不由自主地利用企业的相关财务信息为企业的管理服务。

（一）企业发展的预测者

在财务管理信息化的过程中，财务部门朝着灵活性和快速响应的目标发展是一个渐进的过程。财务管理人员从静态的报表和财务信息数据的管理者转移到为决策者提供动态业务信息的预测者，是财务工作在大数据时代发展的必然趋势。财务部门掌握着企业最全面的原始业务数据，并在企业数据处理工具的辅助下，掌握了获取各方面信息的最有效途径，是企业的“触觉”。对于现代企业而言，大数据为企业提供了面向未来的途径，企业把关注点更多地从“现在”转移到“未来”。财务管理人员完全可以利用专业和信息方面的优势，通过系统的优化和技能的提升，对企业运行的方方面面做到实时响应。具备更多经验和管理职能的高级财务管理人员可以利用财务部门掌握的各项数据，对未来的发展趋势和各种可能的风险、市场等进行预测，并对企业的决策和发展提出建议。只有财务管理人员群体在预测性工作方面做出更多的努力，企业才能做出更为长远的规划，避免短视行为。另外，预测工作的有效实施，是企业制定应对未来可能发生的突发或重大事件的解决方案的重要保障。当然，财务管理人员要成为企业发展的预测者，离不开有效全面的数据信息和对多种数据信息工具的应用。

（二）企业顾问和其他部门的合作者

大数据时代，核算职能在整个财务工作中的重要性减弱，财务管理人员更侧重于反映和监督职能，并强调其管理功能。反映职能由原来强

调财务信息的客观、透明性，逐渐转变为强调在客观性的基础上，借助信息工具，为企业的管理和决策提供更多符合多样化的需求。财务工作不再过多地强调财务人员现实做账的能力，更深层次地讲，财务管理人员其实正在逐渐成为企业的顾问，随时对企业的经营状况做出评价和总结，并结合其他预测性辅助工具，为企业的经营提供建议。从这个角度来讲，财务管理人员应该充分利用信息工具，扮演好“顾问”的角色，无论财务管理人员为企业提供哪些方面的经营评价和建议，其定量职能都是不能取代和取消的，所有这些充分发挥财务管理人员能动性反映作用的角色，都需要以客观、全面的数据作为基础。尽管如此，大数据时代财务管理人员扮演好“顾问”角色，为企业提供更多的评价和建议，将成为财务管理人员走向管理和辅助决策职能的必经之路，也是现代企业发展的必然要求。

（三）企业风险的预警者

在全球化浪潮中，所有企业都难以避免地融入更加复杂多变的世界市场，这也使得企业自身面临许多更加不确定的问题。财务管理人员掌握了财务及各个业务方面的信息，对企业的运行和决策产生极为重要的影响，在全球化大数据形势下，财务管理人员理应扮演起风险管理者的角色。世界市场充满风险，企业需要完备的风险管理计划，并促进整个企业内部的信息集成。只有建立高度整合、标准化的财务管理组织，企业才能更容易地察觉所面临的风险。可以看出，“风险管理”是财务管理人员扮演“预测者”角色的一个延伸，要想成为优秀的“风险管理者”，财务管理人员需要通过采用某些智能化信息工具做到实时监控，如设定特定风险阈值；通过热图、仪表盘、记分卡反映风险情况；通过预测性分析和建模检测风险情况等。

（四）信息系统的维护者和个性化信息工具的开发者

大数据时代，财务工作最明显的一个变化莫过于计算机和各种信息工具的广泛应用，财务管理人员以上各项职能的转变都离不开各种自动化、智能化信息工具的支持。长期以来，财务部门所使用的财务管理软件都是由专业的企业管理软件公司开发，并作为商品卖给需要的公司，当然，也有的企业采取自主开发或者委托开发的方式。在这些方式下，财务管理软件的维护多由这些软件公司或者开发人员来实现，这种维护方式曾经较好地适应了企业的需求，但在企业未来的信息化道路上，信息软件工具的概念呈现一种“淡化”的趋势：一方面，更多的员工更深层次地接受并熟练使用这些信息工具，并伴随这些工具在企业中更为普遍的使用；另一方面，企业对信息工具的需求呈现多样性，并非一套或几套解决方案就能够满足企业的所有需要，于是，财务管理人员在解决问题的过程中，不断地发现针对新问题的局部化信息工具的需求，这种需求处处存在，并需要开发者更具针对性、创新性。这就促使财务管理人员应该成为信息化软件的管理者和维护者，并在一定程度上具备开发实用性、个性化信息工具的能力。原来的较大规模和专业性较强的管理系统可以继续交给专业公司或团队去开发，但应该由经过适当培训的财务管理人员来进行维护；对于应用范围相对较小、针对性很强、开发难度相对较小的软件，财务管理人员应该成为首要的开发和维护者。这种模式不仅可以减少企业的运行成本，也可以为企业的财务工作提供更为便捷的信息工具，使财务管理人员在工作中能够更加独立地完成其他管理工作。

三、大数据时代企业财务管理人员角色转变策略

（一）改变财务管理人员观念，提高其综合素质

财务管理人员实现以上角色的顺利转变，离不开自身观念的改变和综合素质的提高。首先，观念的转变。财务管理人员掌握着企业发展的关键信息，因而需要更加主动地参与到企业的决策中来。大数据时代财务管理控制已从事后走向事中乃至事前，相应地，财务管理人员的观念也有必要从“被要求”转变为“主动”，为决策提供便利。其次，应该全面提高自身素质，具体包括 IT 技能的提高和事务惯例处理能力的提高两大方面。大数据时代，财务管理人员要想更好地使用信息工具做好预测、辅助决策等工作，扮演好顾问、预测者等角色，必须具备一定的 IT 技能。只有这样，才能正确使用和维护财务管理信息系统，提升系

统以及企业信息的安全性，保障企业的利益。大数据时代，更多复杂的外部环境迫切要求财务管理人员更加敏捷、全面地对企业运行状况进行分析，并使用创新、安全、高效的手段将这个辅助决策过程变成程序化、自动化的过程。

（二）为财务管理人员建立统一的信息平台

财务管理人员应该适应信息生产集中化、自动化的趋势，整合财务管理部门的资源，实现“信息生产”功能的独立。在未来的财务管理工作中，部分财务管理人员将自己的注意力更多地放在解决一些更加前瞻、更加灵活多变的非结构化问题上，如投资分析、年度规划、决策支持、风险管理等，以便于在财务管理工作中充分利用和发挥数据和信息技术的作用，实现财务管理和信息数据的更好结合，进行数据分析。

信息中心的独立和统一信息平台的建立，对企业的信息管理有着重要意义：统一信息中心的建立，可以让有用的信息通过一个覆盖整个企业的信息平台和网络在企业内部自由流动，实现管理的高效；同时，还可以降低信息的收集和处理成本，在财务管理部门的领导下，信息部门的信息获取和加工更加围绕企业的战略和需要开展。统一信息平台的建立及财务管理信息获取的集中化，不仅可以利用信息资源和信息工具提高企业经营效率，也使整个企业连成一体、信息自由流动，各业务部门全部活动都以提升企业价值为核心，达到以大数据促进企业价值提升的作用。

（三）改善组织结构和优化工作流程

财务管理人员角色实现转变的道路上，统一的信息平台、信息数据的自由流动、财务管理人员扮演多重复合角色并主动发挥更大作用，其实都需要以企业组织、结构工作流程的改善为前提。在组织结构方面，扁平化、柔韧化和灵活性是现代企业组织结构发展的要求，企业需要集灵活性、安全性与创新性于一体的组织形式。为了便于财务管理人员更好地扮演其顾问、预测者、价值链整合与管理者等新的角色，企业需要在整个范围内建立扁平化的组织结构，并采用多维制和超事业部制的结构，以实现在沟通上更顺畅、管理上更直接、合作上更灵活、运行上更高效。另外，针对一些特殊的情形，还可采用虚拟化的结构，把不同地点乃至不属于本企业的人才资源联系到一起，实现跨越时空的合作联盟。企业需要进一步规范和优化工作流程，并将其制度化，确保企业的各项流程无缝衔接，并确保各流程都在企业信息系统和风险管理系统的可控范围内，如此才能实现信息中心所获得的各项信息的全面性和完整性，便于企业风险控制措施的更好实施。

(四) 加强企业内部控制，明确财务管理人员权责

大数据时代，由于信息的收集、处理工作更加自动化、流程化，非结构化问题在财务管理人员工作中占据更大的比例。在解决这些问题时，需要财务管理人员更好地发挥主观能动性，财务管理人员也因此拥有更多的自主权。然而自主权放宽的一个重要问题就是可能导致财务管理人员不适当地使用权限，对企业的利益造成损害。因此，加强内部控制，保障系统和信息安全性，杜绝财务管理人员滥用职权的行为，也是财务管理人员角色得以顺利转变的重要前提。针对财务管理人员权限规范问题，企业应至少做到以下几点：一是对每一个职位进行完整的职位说明，将职位说明书交由在岗人员学习，并在日常的工作中，结合工作实际不断地将其完善；二是完善各项工作的工作流程，将所有的步骤都纳入内部控制体系的范围；三是建立完善的内部控制体系，将各项措施以制度的方式规范化、确定化，为各项措施的实施提供切实的依据。在实施方面，着重从内部控制的三个环节入手：①事前防范。要建立内控规章，合理设置部门并明确职责和权限，考虑职务的不兼容和相互分离的制衡要求，还应建立严格的审批手续、授权批准制度，减少权力滥用和交易成本。②事中控制。如财务管理部门应采取账实盘点控制、库存限额控制、实物隔离控制等。③事后监督。如内部审计监督部门应该按照相应监督程序及时发现内部控制的漏洞。

第三章

大数据时代财务管理理念的转变

第一节　绿色财务管理

一、绿色财务管理概述

（一）绿色财务管理的内容

1. 绿色财务活动

绿色财务活动在原有的财务内容中增加了环保和资源利用两个要素，它规定相关的主体在开展财务工作的时候，不单单要将经济效益考虑在内，还要将资源的全面利用及消耗能力、生态的受损程度以及恢复所需的资金等考虑在内，它更加重视社会的长远发展。

2. 绿色财务关系管理

绿色财务关系管理是在原有与出资人、债权人、债务人、供应商、买家、政府、同行等财务关系管理的基础上，增加了对资源关系、环境关系的管理内容。具体来讲，在开展新项目的时候，除了要做好和环保机构的沟通工作以外，还要联系资源部门，这样做的目的是保证新项目在新的状态之下不会有较为严重的问题产生，否则就会导致资源受损，无法被永久利用。

（二）开展绿色管理的意义

1. 带动财务管理工作的进步

作为一种科学体系，财务管理工作并不是一成不变的，它会伴随社会的发展而发生变化。当相关环境发生变化，与之对应的各种系统及体制等都会随之改变，只有这样才能够适应新的发展态势。当今社会，资源的总量只会减少不会增加，因此为了长久的发展，就必须开展绿色管理。

2. 促进社会和谐发展

人类出于自身生存和发展的需要，需要一直开展各种活动，而各种活动的最终目的都是获取利益。由于人的总数在不断增加，虽说一个单体的活动可能不会对资源及生态产生负面效应，但如果是几亿人共同活动呢？后果可想而知。所以，为了避免生态继续恶化，为了子孙后代能够更好地生活在这个世界上，人类就应该开展资源和生态保护工作。在这种背景之下，我们就必须开展绿色管理。

二、绿色财务管理的现状

（一）环境、资源的产权难认定、认定难

以海洋资源为例，海洋占地球总体面积的70%左右，海洋资源的产权本身就难以划分。对于资源和环境而言，地球才是总体，这种人为地条块化划分，并不利于资源和环境的整体向好；另外，即使海洋资源的产权可以划分清楚，但是海洋并不是静止不动的，海水每天都在流动，海里的资源每天都在变化，假如发生原油泄漏事故的话，海洋污染物会随着洋流运动发生扩散，很可能会扩散到其他国家的管理范围内。因此，环境、资源的产权难认定、认定难。

（二）在环境、资源问题上，各国间难以形成责任共担机制

环境和资源其实是属于全人类共有的，但是在环境、资源问题上，各国之间很难形成责任共担机制。如二氧化碳的排放超标，是极地上空形成臭氧层空洞的主要原因，各国在减少二氧化碳整体排放量这件事情上早已达成共识，但是，具体到谁应该减少、减少多少的问题上，每个国家为了自身经济的发展，都在尽可能地争取最有利的减排额度，责任共担机制更是难以形成。

（三）缺乏对绿色财务管理的评价体系

绿色财务管理尚处在摸索阶段，评价体系更是缺乏。目前，比较被认可的绿色财务管理评价指标主要有绿色收益率和绿色贡献率，但是，这两个指标有一个比较突出的问题，就是难以进行衡量，即很难评价一个项目有哪些可以列入绿色收益率或者绿色贡献率的范围，以及列入绿色收益率或者绿色贡献率的评价比例标准是怎样的；绿色收益率和绿色

贡献率也很难像基尼系数那样有规定的标准，如什么样的指标计算标准是正常的，什么样的指标计算标准是好的，什么样的指标计算标准是绝对不可以使用的。再加上目前并没有像注册会计师那样拥有审查资质的绿色财务管理师，人员队伍建设落后，绿色财务管理评价体系建设更是难上加难。

(四) 绿色财务管理的执行和监督不到位

每个国家都有相关的环境保护措施和资源控制制度，按道理来讲，绿色财务管理的执行和监督本应该不成问题，但是，在实际的生产生活中，绿色财务管理的执行和监督都不到位。由于法律、人员、经济等方面的原因，绿色财务管理的执行和监督处处受限。环保部门的工作人员也不可能时时监控所属的所有企业。

三、加强绿色财务管理的措施

(一) 加快对环境、资源等产权认定的研究步伐

虽然对环境、资源等的产权认定很难，但是，在人类社会可持续发展的需要面前，一定要发挥主观能动性，迎难而上，攻坚克难。首先，对绿色财务管理的认识、了解和重视，不应仅仅停留在口头上，更要落实在具体行动中；其次，要加强绿色财务管理研究人员的队伍建设，不仅要培养会计、财务管理方面的专业人员，更要培养环境保护、资源管理方面的专业人员，以及精算、数学、地理等方面的专业人员，这是一项浩大的工程；最后，在思想和人员到位的基础上，还需要坚定不移地落实和执行相关措施，这项工作漫长而琐碎，任务很艰巨。

(二) 加强各国政府间的沟通协作，责任共担、共同发展

在绿色财务管理的推行上，各国政府责无旁贷，加强各国政府间的沟通协作、责任共担，才能共同发展、共同繁荣。首先，要摒弃的就是在环境保护和资源管理方面的从众心理，各国政府都应该认识到绿色财务管理的重要性、政府行为的重要性，加强政府间的沟通与协作，共同

履行具有国际约束力的环境保护和资源管理公约；其次，要结合自身实际，灵活制定相关政策、法律和法规，并强制执行；最后，要加强相关的舆论宣传，通过舆论导向引导每一个主体的行为，从而为环境的净化和资源的可持续开发利用提供可能。

（三）健全绿色财务管理的评价体系

健全绿色财务管理的评价体系，需要把评价体系具体细化，增加新的评价指标，并加以量化。但是诸如环境改善带来的幸福指数提高、资源利用效率提高带来的经济效益等这些指标很难量化。而且，人类对绿色财务管理的认知在不断进步，这也涉及绿色财务管理评价体系的后续完善工作。

（四）政府引导，加强对绿色财务管理的执行和监督

政府间的合作共赢在绿色财务管理的推行上固然重要，但是，具体执行和监督涉及每个人、每个企业、每个组织、每个国家等各个主体，所以，政府的引导非常重要。除了政策、法律、舆论先行之外，相关的奖励和惩罚措施也非常重要，具体如何处理，需要相关主体的严格执行和监督到位。

第二节　财务管理信息化

企业财务管理信息系统是企业管理信息系统的核心组成部分。随着当前网络与通信技术的高速发展，特别是以目标成本管理和预算控制管理为核心的现代化财务管理系统的发展，简单的财务电算化管理信息系统已经不能够满足企业对管理信息的要求。企业需要更健全、更完善的财务管理信息系统——集会计核算、财务管理和经营管理于一体的财务管理信息系统。财务管理信息化需要由单纯的会计核算型向财务管理分析型及企业的信息系统集成型转变，进而为企业生产、经营和管理提供信息集成和决策辅助功能。

一、信息化建设的重要意义

从管理角度来看，信息化建设在企业财务管理工作中具有重要的实践意义，主要表现在以下四个方面。

（1）信息化在财务管理工作中的应用大大提高了企业财务管理工作水平。特别是信息化的应用，把会计人员的双手从过去繁重的手工劳动中解放出来，会计人员只需掌握信息系统的一些简单操作方式，就可以对财务数据进行计算机录入，必要时还可以进行反复修改，及时进行会计核算，制作各种财务报表。毫无疑问，利用信息化系统完成这些工作，差错率小、可靠性高，提升了财务数据的准确性。

（2）信息化在财务管理中的应用可以有效控制企业成本。成本控制是企业财务管理工作的核心环节，也是企业实现最终盈利的根本保障。利用财务管理信息化建设的先进性，企业财务部门可以全程掌握生产经营中各项大额成本支出的请购、采购、库存和审批等流程，使生产经营中各项大额成本支出的请购、采购、库存和审批等流程在运行中留有痕迹，提高了企业对成本支出等费用的管控能力，降低了各项成本费用指标超标的可能性。

（3）财务管理信息化建设使企业的资金管控更为严格。企业的日常经营管理活动是以预算管理为主线、以资金管控为核心而开展的，是以货币计量方式对企业经营活动的资金收支情况进行统计和记录的。其中，在企业项目资金的管理方面，企业是以资金使用的活动情况为核算对象的。如果构建了财务管理工作的信息化系统，企业就可以借助信息化系统对企业资金使用情况进行统筹和预测，降低企业采购与财务之间的往来频率，企业财务人员也能够利用信息化系统了解采购计划的相关信息，有针对性地制订出筹集资金和付款计划，提高工作效率，减少管理漏洞。

（4）财务管理信息化建设提升了企业财务信息传递与交流的时效

性。21 世纪，企业之间的竞争当然也是信息的传递与交流之间的竞争。可以说，在财务管理中进行信息化建设，可以有效整合各部门之间的财务信息和数据，进而借助计算机网络进行汇总、分析、分流和反馈，极大地提高了企业财务信息传递与交流的时效性。

二、企业财务管理信息化建设的发展策略

（一）树立正确的财务管理信息化发展观念

企业财务管理信息化建设是企业实现财务管理现代化的重要前提，是一项以计算机应用技术、互联网应用技术、信息通信技术和“互联网+”技术为基础的复杂的系统工程。这一工程的顺利建设和竣工，需要企业各级领导、各个部门的通力合作、全面支持，不可能一蹴而就。因此，在财务管理信息化建设进程中，企业各级领导和各个部门必须树立正确的信息化发展理念，既不能忽视、漠视、无视财务管理信息化建设对于企业发展里程碑般的重要意义，不积极主动支持信息化建设工作，不积极主动解决信息化建设过程中遇到的问题；也不能操之过急，罔顾企业的技术条件和操作人员的专业化水平，仓促引进、盲目上马，造成财力、物力、人力等的浪费；更不能过分强调、放大财务管理信息化建设的功能，把信息化建设看成是可以解决一切财务问题的万能钥匙。在财务管理信息化建设进程中，企业各级领导和各个部门应本着实事求是、循序渐进的原则，在综合考量企业各方因素、条件的基础上，按部就班、有条不紊地实施信息化工程建设，这样才能为以后信息化建设在企业财务管理中发挥应有的作用奠定良好的技术和管理基础。

（二）加强领导对财务管理信息化建设的重视

21 世纪是信息化时代，是信息化建设大行其道的时代。信息化代表了先进的社会生产力，已经成为当今社会发展的大趋势。21 世纪正在经历一场革命性的变化，世界范围内的信息技术革命将对人类社会变革的方向产生决定性的影响，将在世界范围内建立起一个相互交融的全

新的信息社会。所以，企业要完成财务管理信息化建设，企业领导首先要对财务管理信息化建设给予足够的重视，身先士卒、身体力行，结合企业的具体发展情况，根据财务管理工作的实际需要，切合实际制定出具有企业特色的财务管理信息化建设规划。由于财务管理信息化建设资金需求量大，所以如果没有企业主管领导的力挺，信息化建设所需的大量资金是无法悉数到位的。因此，企业领导对财务管理信息化建设的重视是信息化建设取得成功的关键。

（三）加大对财务管理信息化建设的人才培养力度

财务管理信息化建设虽然已经被企业界广泛接受，并且也得到了应有的重视，但是客观地讲，企业中财务管理信息化方面的操作人员和管理人才还相当缺乏。

虽然财务管理信息化建设已经具备了广泛的社会影响力，但是从其发展历程来看，与传统的财务管理方式相比仍然是新生事物，仍然处在摸着石头过河的探索阶段。财务管理信息化建设既然是新生事物，就必然需要大批的专业人士来熟练驾驭它，而从当前企业财务管理人员的整体结构来看，科班出身的人其实是凤毛麟角、少之又少的，高校里面接受过系统学习的专业人才尚未全面奔赴社会，企业里面的自有人才对财务管理信息化建设只是一知半解。毋庸讳言，企业财务管理信息化建设所需的专业人才正处于青黄不接的时期。目前所谓的操作系统、管理系统的专业人员大多是在“速成班”里经过短期的常识性培训就“光荣上岗”了，所以，一旦财务管理信息化的操作系统或者是管理系统出现问题，靠企业自身的技术力量是没有办法解决的，企业只能请“外援”前来指点迷津。仅从这一点来看，加大财务管理信息化建设的人才培养力度，对于企业财务管理信息化建设的有效开展和顺利实施是尤为重要的。

（四）注重对财务管理信息化软硬件设施并重的建设

在世界范围内的信息技术革命的推动下，财务信息化已经成为一种必然趋势。在大时代背景下，企业没有退路，也没有选择的余地，只有认识、接受、建设和发展信息化才是明智的选择，才不会被信息技术进步的浪潮淘汰出市场。企业要强化信息化建设成果，就必须坚持软件设施建设与硬件设施建设并重的原则，绝不可厚此薄彼。硬件设施是信息化建设的先决条件，离开它，企业财务管理信息化建设就无从谈起；软件设施是信息化建设的灵魂所系，没有它，企业财务管理信息化建设就是一潭死水。只有把软件设施建设与硬件设施建设有机结合在一起，让两者同步前进、协同发展，企业财务管理信息化建设才能真正实现其建设的初衷，才能真正做到为企业发展助力加油。

第三节　财务管理与人工智能

当前，人工智能技术已经在我国得到了较快的发展，将人工智能技术与财务管理有机融合，能够实现先进高效的规划、预测、决策、预算、控制、分析等各种财务工作。人工智能在财务管理中的应用，将原本繁复的财务问题进行一一分解，变成若干子问题，然后得到最终的解题答案。

一、人工智能技术给财会行业带来的机遇

（一）提高了财会信息的处理质量

无论是财会行业还是审计行业，都必须严格遵循真实性原则，然而我国财会行业并未将这一原则真正落实到位。这主要是因为实际处理财会信息和审计信息的过程中，依旧沿用着传统的手工方式进行编制、调整和判断，致使错误行为屡见不鲜，所以，为了提高财会信息的真实可靠性，应减少人工处理财会信息的次数，进一步拓展人工智能，从而为财会信息处理的质量和效率提供保证。

（二）促进财会人员有效工作，节约人力成本

现阶段，我国已经出现了为小企业做账的专业公司，虽然公司领导

者对会计记账法与借贷记账法掌握和了解得不是很透彻，但该公司研发的软件可利用电子技术对原始凭证进行扫描，自动生成符合各级政府部门要求的财务报表，这不仅减轻了财会人员的劳动强度，还有效保证了会计核算的实效性；审计部门利用开发的审计软件在提高审计工作效率的同时，还能在深入剖析财会报告的过程中及时发现审计问题，进而采取科学高效的审计手段解决审计问题。

（三）实施完善的风险预警机制，强化财会人员的风险意识

虽然已经有很多企业具备了风险危机意识，但在风险防范和风险发生过程中的决策能力不足。导致这种情况的根本原因在于企业缺乏一套切实可行、健全的风险预警机制，财会人员无法准确判断存在的风险，也不具备风险意识，所以，当遇到风险问题时往往显得手足无措。首先，由于企业内部资金项目具有复杂性特点，很难顺利地开展纵横向对比；其次，财会人员缺乏较高的信息处理综合能力。因此，利用人工智能技术创建风险预警模型，通过各类真实可靠的财务数据对财务风险进行事先预警，不仅保障了企业资金的运营效率，而且还帮助了企业及时找出不足之处，从而创设和谐美好的企业发展环境。

（四）实现了更为专业的财会作业流程

当前，财政部已经将管理会计列入了会计改革与发展的重点方向。过去针对业务流程来确立会计职能的工作模式，不仅会造成会计信息核算的重复性，而且还会影响财务风险预警的有效运行。所以，随着人工智能技术的全面渗透，企业将会对那些只懂得进行重复核算工作的财会人员进行精简，聘用更多有助于自身健康发展的、具备完善管理会计知识的财会人员。

二、人工智能技术在财务管理中的应用

（一）财务管理专家系统

财务管理专家系统涉及财务管理知识、管理经验、管理技能，主要

负责处理各类财务问题。为了减轻财务管理专家对财务管理过程的描述、分析、验证等工作的劳动强度，很多企业都将涉及管理技能、管理理念及管理环境的财务管理专家系统应用到财务管理工作中。

人工智能技术在财务管理专家系统中的应用，根据具体的财务管理内容将其划分为筹资管理专家系统（涉及资金管理）、投资管理专家系统、营运管理专家系统（涉及风险管理与危机管理）、分配管理专家系统。这些系统中又涵盖了财务规划及预测、财务决策、财务预算、财务分析、财务控制等几方面的子系统。

在对各系统进行优化整合后，财务管理专家系统的综合效用便体现出来了。例如，提高了财务预测的精准度，强化了财务决策的科学性，实现了财务预算与实际的一致性，提高了财务控制效率，财务分析更加细致全面，进一步拓展了财务管理的覆盖面。

财务决策子系统在整个系统中占据重要的比重，而财务决策子系统的顺利运行离不开其他子系统的支持，因此，对这些子系统进行集成后形成了智能化的财务决策支持系统。利用智能化的财务决策支持系统有助于综合评估内部控制与资产分配情况，通过对投资期限、套期保值策略等进行深入分析后，能使投资方案进一步优化和完善。

（二）智能财务管理信息共享系统

财务管理查询系统和操作系统是智能财务管理信息共享系统的主要内容。通过 Microsoft Visual Studio. NET 对财务管理查询系统进行部署，然后操作系统中的 IIS（一种由微软公司开发的 Web 服务器应用程序）服务负责相关发布。将. NET 框架设置于发布平台上，该框架负责运作各个. NET 程序。为财务管理信息共享提供相应的体系结构，企业会在节约成本的理念下向所有利益有关方传递真实可靠的关联财务信息。简单举例，随着 B/S 模式（浏览器/服务器模式）体系结构的构建并使用，企业实现了成本的合理节约，促进了各财务信息的及时有效共享，提高了财务信息处理效率。

通过操作系统中的IIS来发布财务管理查询系统，企业内部各职能部门只需要进入Web浏览器就能及时访问，而企业外部的有关使用者只需要利用因特网就能对单位每一天的财务状况予以充分的掌握。

随着智能财务管理信息共享系统的生成并被投入使用，财务管理工作变得更加完善、成熟，同时，在智能财务管理信息共享系统中利用接口技术吸收ERP财务信息包，实现了财务管理信息的透明化、公开化，突出了财务管理的即时性。

（三）人工神经网络模型

所谓人工神经网络，指的是通过人工神经元、电子元件等诸多的处理单元对人脑神经系统的工作机理与结构进行抽象、模仿，由各种联结方式共同组成的网络。人工神经网络从范例学习、知识库修改及推理结构的角度出发，拓展了人类的视野范围，并强化了人类的智能控制意识。

人工神经网络模型涉及诸多神经元结合起来产生的模型，人工神经网络涵盖反馈网络，也可称之为递归网络与前馈网络两个部分。其中，反馈网络是由诸多神经元结合后生成的产物，将神经元的输出及时反馈到前一层或者同一层的神经元中，这时信号可实现正向传播与反向传播。由于前馈网络存在递阶分层结构，因此，同一层中各神经元不可以相互连接，由输入层进入输出层的信号以单向传播方式为主，将上层神经元和下层神经元进行了连接，同一层神经元相互之间不能连接。

人工神经网络存在很多类型，比如RBF神经网络、BP神经网络、ART神经网络等。其中，RBF神经网络现已在客户关系管理、住宅造价估算等领域中得到了有效应用；BP神经网络现已在战略财务管理、风险投资项目评价、固定资产投资预测、账单数据挖掘、纳税评估、物流需求预测等领域中得到了有效应用；ART神经网络现已在财务诊断、财务信息质量控制、危机报警等领域中得到了高效的应用。

随着经济领域和管理领域对人工智能技术的广泛应用，越来越多的学者将研究重心放在了人工智能层面上，而财务管理中应用BP神经网络来预测财务状况取得了可喜的成果。因此，BP神经网络成为现代人工智能应用研究的关键点，而成功的研究经验为财务管理的研究提供了重要依据。

综上所述，随着科学技术的快速发展，智能化的财务管理已成为必然，运用智能财务管理专家系统有助于提高财务管理水平及效率。今后的财务管理专家系统将逐步朝着智能化、人性化、即时化的方向快速迈进，可以想象，那个时候的智能财务管理专家将会全权负责复杂的财务管理工作，使财务管理人员不再面临庞大的工作量。出于对财务主体持续发展的考虑，应在“以人为本”理念的基础上推行科学化财务管理工作，要在保证财务主体良性循环发展的同时，为各利益有关者提供预期的效益。

第四节　区块链技术与财务审计

一、区块链的概念与特征

区块链就是一个基于网络的分布处理数据库。企业交易数据是分散存储于全球各地的，如何才能实现数据相互链接，这就需要以相互访问的信任为基础。区块链通过基于物理的数据链路将分散在不同地方的数据联合起来，各区块数据相互调用其他区块数据并不需要一个作为中心的数据处理系统，它们可通过链路实现数据互联，削减现有信任成本，提高数据访问速率。区块链是互联网时代的一种分布式记账方式，其主要特征有以下几点。

（一）没有数据管理中心

区块链能将储存在全球范围内各个节点的数据通过数据链路互联，每个节点交易数据能遵循链路规则实现访问，该规则基于密码算法而不是管理中心发放访问信用，每笔交易数据由网络内用户互相审批，所以不需要第三方中介机构进行信任背书，对任一节点攻击，不能使其他链路受影响。而在传统的中心化网络中，对一个中心节点实行有效攻击即可破坏整个系统。

（二）无须中心认证

区块链通过链路规则，运用哈希算法，不需要传统权威机构的认证。每笔交易数据由网络内用户相互给予信任，随着网络节点数增加，系统的受攻击可能性呈几何级数下降。在区块链网络中，参与人不需要对任何人信任，只需两者间相互信任，随着节点增加，系统的安全性反而增加。

（三）无法确定重点攻击目标

由于区块链采取单向哈希算法，由于网络节点众多，又没中心，很难找到攻击靶子，不能入侵篡改区块链内数据信息。一旦入侵篡改区块链内数据信息，该节点就被其他节点排斥，从而保证数据安全，又由于攻击节点太多，无从确定攻击目标。

（四）无须第三方支付

区块链技术产生后，各交易对象之间交易后，进行货款支付更安全，无须第三方支付就可实现交易，可以解决由第三方支付带来的双向支付成本，从而降低成本。

二、区块链对审计理论、实践的影响

（一）区块链技术对审计理论体系的影响

1. 审计证据变化

区块链技术的出现，使传统的审计证据发生改变。审计证据包括会计业务文档，如会计凭证。由于区块链技术的出现，企业间交易在网上进行，相互间经济运行证据变成非纸质数据，审计对证据核对变成由两个区块间通过数据链路实现数据跟踪。

2. 审计程序变化

传统审计程序从确定审计目标开始，通过制订计划、执行审计到发表审计意见结束。计算机互联网审计要求采用白箱法和黑箱法对计算机程序进行审计，以检验其运行可靠性，在执行审计阶段主要通过逆查法，从报表数据通过区块链技术跟踪到会计凭证，实现数据审计工作的客观性和准确性。

(二) 区块链技术对审计实践的影响

1. 提高审计工作效率、降低审计成本

计算机审计效率比传统手工审计效率高。区块链技术为计算机审计的客观性、完整性、永久性和不可更改性提供保证，保证审计具体目标的实现。区块链技术产生后，人们利用互联网大数据实施审计工作，大大提高了审计效率，解决了传统审计证据不能及时证实、不能满足公众对审计证据真实、准确要求的问题，满足了治理层了解真实可靠的会计信息的要求，实现了对管理层有效监管的目的。在传统审计下，需要通过专门审计人员运用询问法对公司相关会计信息发询证函进行函证，从而需要很长时间才能证实，审计时效性差。而计算机审计，尤其是区块链技术产生后，审计进入网络大数据时代，分布式数据技术能实现各区块间数据共享追踪，区块链技术保证这种共享的安全性，其安全维护成本低；由于区块链没有管理数据中心，具有不可逆性和时间邮戳的功能，审计人员和治理层、政府、行业监管机构可以通过区块链及时追踪公司账本，从而保证审计结论的正确性；计算机自动汇总计算，也保证审计工作的快速高效。

2. 改变审计重要性认定

审计重要性是审计学中的重要概念。传统审计工作需要在审计计划中确定审计重要性指标作为评价依据，审计人员通过对财务数据进行计算，确定各项财务指标，计算重要性比率和金额，通过手工审计发现会计业务中的错报，评价错报金额是否超过重要性金额，从而决定是否需要进一步审计。而在计算机审计条件下，审计工作可实现以账项为基础的详细审计，很少需要以重要性判断为基础的分析性审计技术。

3. 内部控制的内容与方法不同

传统审计更多采用以制度为基础的审计，更多运用概率统计技术进行抽样审计，从而解决审计效率与效益相矛盾的问题。区块链技术产生后，人们运用计算机审计，审计的效率与效果都提高了。虽然区块链技术提高了计算机审计的安全性，但计算机审计风险仍存在，传统内部控制在计算机审计下仍然有必要，但其内容发生了变化，人们更重视计算机及网络安全维护，重视计算机操作人员岗位职责及岗位分工管理与监督。内部控制评估方法也更多地从事后调查、评估内部控制环境、过程中运用视频监控设备进行实时监控。

三、区块链技术对财务活动的影响

（一）对财务管理中价格和利率的影响

基于因特网的商品或劳务交易，其支付手段更多表现为数字化、虚拟化，网上商品信息传播公开、透明、无边界与死角。传统商品经济条件下的信息不对称没有了，商品价格更透明了。财务管理中运用的价格、利率等分析因素不同于以前，边际贡献、成本习性也不同了。

（二）财务关系发生变化

财务关系就是企业资金运动过程中所表现的企业与企业经济关系，区块链运用现代分布数据库技术、现代密码学技术、将企业与企业以及企业内部各部门联系起来，通过大协作，从而形成比以往更复杂的财务关系。企业之间资金运动不再需要以货币为媒介，传统企业支付是以货币进行的，而现代企业支付是电子货币，财务关系表现为大数据之间的关系，也可以说是区块链关系。

（三）提高财务工作效率

1. 直接投资与融资更方便

传统财务中，筹资成本高，需中间人如银行等的参与。区块链技术产生后，互联网金融得到很大发展。在互联网初期，网上支付主要通过银行这个第三方进行，区块链能够实现新形式的点对点融资，人们可以通过互联网，下载一个区块链网络的客户端，就能实现交易结算，如投资理财、企业资金融通等服务，并且使交易结算、投资、融资的时间从几天、几周变为几分、几秒，能及时反馈投资红利的记录与支付效率，使这些环节更加透明、安全。

2. 提高交易磋商的效率

传统商务磋商通过人员现场交流沟通，对商品交易价格、交易时间、交货方式等进行磋商，最后形成书面合同。而在互联网下，由于区块链技术保证网上沟通的真实、安全、有效，可以通过网上实时视频磋商，通过网络传送合同，通过区块链技术验证合同有效性，大大提高了财务业务的执行效率。

(四) 对财务成本的影响

1. 减少交易环节，节省交易成本

由于区块链技术的运用，电子商务交易能实现点对点交易结算，交易数据能同 ERP 财务软件协同工作，能实现电子商务交易数据和财务数据及时更新，资金转移支付不需通过银行等中介，解决双向付费问题，尤其在跨境等业务中，少付许多佣金和手续费用。

2. 降低了信息获取成本

互联网出现后，人们运用网络从事商务活动，开创商业新模式，商家通过网络很容易获得商品信息，通过区块链技术，在大量网络数据中，运用区块链跟踪网络节点，可以监控一个个独立的业务活动，找到投资商，完成企业重组计划，也可以通过区块链技术为企业资金找到出路，获得更多投资收益。可见，区块链降低了财务信息获取成本。

3. 降低信用维护成本

无数企业的财务数据在网络上运行，需要大量维护成本。区块链技术建立不基于中心的信用追踪机制，人们能通过区块链网络检查企业交易记录、声誉得分以及其他社会经济因素可信性，交易方能够通过在线数据库查询企业的财务数据，来验证任意对手的身份，从而降低了信用维护成本。

4. 降低财务工作的工序作业成本

企业财务核算与监督有许多工序，每一道工序都要花费一定成本。要做好企业财务工作，保证财务信息真实性，必须运用区块链技术，由于其无中心性，能减少财务作业的工序数量，节省每一道工序的时间，在安全、透明的环境下保证各项财务工作优质高效完成，从而在总体上节约工序成本。

第五节 新预算法下财务工作的转型

一、新预算法下预算工作概述

（一）新预算法修订工作对审计监控的影响

新预算法需要创建全口径预算系统，主要有一般公共预算、政府性基金预算、国有资本运营预算、社会保险基金预算这几方面的内容，就是把所有财政费用收支均归为预算管理的范畴，从法律方面确定且扩展了预算审计的范围，总结出了全面实行审计监控的最新需求。审计部门需要经过对全口径预算进行监督，有效防止财政费用预算片面化、支出体系僵化，财政投入和企业发展“两面皮”“钱等工作”“工程等钱”“敞口花钱”等情况。

新预算法明确了更加前沿性的跨年度预算审计体制，让以往简单年度预算审计体制的审计转变成跨年度预算审计体制的审计。在新预算法中明确提出地方政府能够在财政超收收入中获得一部分费用作为预算稳定调整基金，用来填补赤字和弥补后期年度预算资金的问题，该机制有助于地方政府按照实际要求调节预算实施中因短收、超收造成的预算费用的余缺，调节政府投资时期的预算投入，预防地方政府的财务风险。

（二）对审计监控提出的最新要求

新预算法明确了预算绩效的主要原则，对审计监控目标提出了越来越高的质量要求。审计部门不但要重视政府财政活动的规范性、真实性，还需展开预算编制、实施与决算整个环节的绩效审计；逐渐促使政府的财务收支行为变得规范化，加强预算控制，充分考虑公平和效力，符合各级政府依法对财政费用绩效控制监督的要求。目前，预算审计在资金绩效管理方面还处于探索阶段，尽管审计报告包含预算成本利用效率的检查，但只是局限在对财政支出进程慢、费用高、实践拖延等现象导致效率较低的间接描述，还没有创建合理的定性、定量绩效考核指标机制。

新预算法对财政公开有了详细的规定，政府不但需要将单位年终预算、决算都公开，还需要将预算执行以及其他财政收支活动的审查报告向大众公开，即首先用法律的方式确定了审查报告公开机制。虽然在工作中，审查报告公开已是一件非常普遍的事，但是几乎都是以简单化、摘要的模式公开。今后，审计报告会全文公开，它的质量与水平会完全暴露在社会舆论监控的环境下。

二、满足新预算法“拓面、提质、提效”新需要的预算审查革新

（一）修正预算审计控制要点，提升审计考评的时效性

伴随全口径预算控制模式与跨年度预算审计机制的创建，财政部门会试零基预算，循序渐进地推动预算创新，审计部门需要结合改革动态修正审计监控要点。其一，全口径预算包含财政和全部预算部门运行的资金，以往少数预算部门出现资金收支脱离预算编制与预算监督以外的现象将慢慢减少，审查监督需要在改革的初始环节，以督促及推动所有财政资金融入预算、标准实施为导向，“规范性”属于新预算法执行之前的审计监督要点；其二，通过应用大数据处理分级对全部财政收支信

息展开审计研究，经过预算审计监控全覆盖，整理审计时出现的广泛性、倾向性情况，有效地对全口径以及跨年度预算审计“建言献策”是新预算法顺利实行过程的审计监督要点；其三，在“规范化”监督与推动改革“建言献策”的前提下，不断提高审计考评水平、宏观处理预测能力，通过审计促使国家重要决策工作落实是审计监督的核心工作。审计部门需要以预算审计研究为主线，推动跨年度预算审计机制的正常运作，全面促进政府重要工作以及预算部门廉洁履职。

（二）改进预算执行审计措施，提高审计报告水平

1. 多维信息分析法

根据地方债务、绩效审计、政府财务审计报告等新预算法在审计监控扩面、提效等方面的新要求，预算审计需要继续遵循大数据研究先行的观点，借助大数据技术全面进行多维立体的信息分析，重点对财政、预算部门信息资源进行归纳与再解析，展开信息的深入挖掘，提高研究水平。对新预算法执行前后多年的记录信息展开横向比较，了解预算编制创新后各项占比与增幅出现的主要原因；识别政府核心工作、民生工程与社会焦点、热点内容是否满足新预算法当中对跨年度预算审计工作的实施原则；是否存在由于政府快上工程的行政目标造成预算执行率偏低的现象；地方财政还本付息方案是否出现降低成本的情况；政府综合预算报告是否能够有效突显地方政府的真实资金收支现象等。

2. 任务统筹研究法

任务统筹研究法是指以决算审计为重点，以部门决算审计及专项预算审计为前提，以经济责任考评、政府投资预算为辅助，以应用统筹分析为审计手段，重点对财政收支横切面及纵切面进行延伸拓展，各类型审计工作紧密结合，建立一个纵横交错的审计网络系统。现阶段，各级审计部门尽管都按要求制订年度工作计划，还在审计工作中纳入专项费用支持预算审计的需求，可是在纵横对比及整个规划方面依旧显得比较薄弱，需要尽早建立“预算执行审计网络系统”，该系统是在新预算法执行后预算信息对比、信息量激增的条件下，落实统筹分析法的基础条

件。应全面发挥预算审计系统的资源，多方位、多角度发现新预算法环境下财政体制创新取得的发展成果、出现的问题及改进的措施，采用综合分析、专项剖析、专题报告等多种类的审计数据综合导出体制，展开深入加工提炼，来实现提高预算审计工作水平的目的。

（三）改善预算执行审计步骤，提升审计工作效率

1. 注重审前调研

在审计信息有限的条件下，唯有突出关键点，审前调研工作充分、到位，方可确保审计人力资源价值的最大化，保证预算审计水平的最优化。这就需要审计组要拔高站位、考虑全局，拓展审计思维，基于新预算法的需要，有的放矢地思考重点、难点与疑点，提升审前调查的时效性。特别是要明确进点时间，改变传统方案中进点后耗费很多时间探究的低效方法。

2. 注重审计实施数据反馈机制

现阶段，普遍出现审计实行后续取证、查漏补缺、检查法律依据及撰写报告等全部压力均由主审全部承担的情况，尽管审计组员工埋头苦干，可是员工独立为战、缺少相互协作能力，进程通常会比预期要慢得多。有效的审计执行需要在全面的审前调查前提下，产生以审计组长集中协调、调整审计资源，主审确定员工分工，集中审计思路的操作机制，通过建立畅通的互动反馈通道，完善查询法律依据、取证以及撰写分项事件的操作流程，制定高效的全员协作运行机制。此外，不仅要确保足够的覆盖面，还要重视表现重点，提升审计的水平，注重审计的深度，对关键情况查深查透，查找根源。

三、新预算法在财务工作中的运用

（一）新预算法下预算工作概述

预算是财政的核心，现代预算制度是现代财政制度的基础，也是国家治理体系的重要内容。因此，实施预算法是规范预算行为，推进预算管理科学化、民主化、法治化的迫切需要；是深化预算制度改革、建立

现代财政制度的必然要求；是依法治国、提高国家治理能力的重要保障。新预算法的亮点在于以下几个方面：一是完善政府预算体系，健全透明预算制度；二是改进预算控制方式，建立跨年度预算平衡机制；三是规范地方政府债务管理，严控债务风险；四是完善转移支付制度，推进基本公共服务均等化；五是坚持厉行节约，硬化预算支出约束；六是将预算资金纳入法律监管之下，维护预算法的尊严。新预算法的实施对推进依法行政、依法理财，最终实现依法治国有着十分重要的意义。

（二）新预算法在财务工作中的运用

1. 部门预决算管理

新预算法的出台，使得事业单位部门预决算管理工作得到了细化，规定预决算支出都应该按照功能、经济性质分类编制，明确了事业单位部门预决算管理的责任、执行程序等，提高了事业单位部门预决算管理的要求。基于新预算法关于部门预决算管理的细则，事业单位应当做好以下两方面工作。

一方面，要树立全面预算管理的理念，动员全体职工开展预算编制、控制及执行，减少部门博弈对预决算管理的负面影响。在此基础上，要实现及早规划，按照主管部门及发展规划，明确未来几年工作目标，提前开展项目论证、采购计划等预算前置工作，降低预算弹性。同时，事业单位还应因地制宜地选择预算编制方法，重点使用零基预算，要求细化、规范项目内容、资金用途、支出标准，准确反映事业单位财务状况，如，××办公楼维修改造、××会议，不能直接笼统地填写新增项目、党委政府确定的项目、专项业务费、商品和服务支出、弥补公用经费等。

另一方面，要强化预算执行及其配套机制。首先，要硬化预算约束，在预算正式批复后，要按照科室—岗位—责任人—具体时间的流程进行细化。科室负责人需要针对业务内容、预算指标制定业务活动方案，如采购车辆保险、购置办公用品，应将商品和服务支出选为政府采购，在政府采购表中经济分类为公务用车运行维护费、办公费的项目上填列采购金额；科室负责人还应在执行过程中严格按照申请、批准、执行、反馈、核算、考核的程序，切实把握预算执行进度。其次，要构建高效的考评体系，通过瞄准预算目标，将预算目标作为奖惩执行的基数，尽可能将奖惩与员工绩效、科室绩效挂钩，实现激励约束。最后，要强化责任意识，改变“重预算、轻决算”的观念，构建细致的责任追究机制。要实现部门预决算的收支真实、数据真实，保证账实相符、账证相符，按照预决算口径，认真填报数据，做好财政拨款对账。同时，还应明确财务分析的责任体系，着重分析预算执行状况，实现高效的决策支持。

2. 会计核算

新预算法细化了事业单位会计核算的操作细则，强化了事业单位会计核算的规范程度。工作中，事业单位应当按照新预算法要求，细化会计核算流程：第一，要规范会计核算基础，引入责权发生制，实行收付实现制；第二，要坚持收支两条线，按照收支配比原则，准确核算单位财务收支；第三，要完善专项基金管理制度，建立健全事业单位内部控制机制，保障事业单位专项资金合规、合法使用，强化专项资金核算，提高会计核算的规范程度；第四，要坚持勤俭节约的原则，强化授权审批控制，重点关注录入类报表生成状况，确保资金支付合法、合规，及时发现资金使用过程中的异常情况，避免预算失控。

3. 强化财务监督

一方面，要强化外部监督。公开透明是现代财政制度的基本特征，是建设阳光政府、责任政府的需要。新预算法规定，除涉及国家机密的事项外，经本级人民代表大会或者本级人民代表大会常务委员会批准的预算、预算调整、决算、预算执行情况的报告及报表，应当在批准后二十日内由政府财政部门向社会公开，并对本级政府财政转移支付安排、执行的情况以及举借债务的情况等重要事项做出说明。经本级政府财政部门批复的部门预算、决算及报表，应当在批复后二十日内由各部门向社会公开，并对部门预算、决算中的机关运行经费的安排、使用情况等重要事项做出说明。

另一方面，要强化内部监督。要重点建设单位内部控制系统，强化经济责任制度、信息披露制度的执行力度，实现预算的事前、事中、事后全程控制，构建内部审计部门或强化内部审计职能，对小金库、三公经费等重点审查，建立财务预警机制，按照预算进度，及时反映预算异常，从根本上保障会计核算的信息真实、流程规范。

（三）新预算法下事业单位财务工作的提升建议

1. 加强人才队伍建设

事业单位要进一步提高财务人员的综合素质，增强财务人员的法律意识和责任意识。首先，要从人才队伍上提高财务管理水平，促进财务管理的发展，定期组织财务人员学习财务专业知识、管理知识和法律知识。其次，要健全单位内部的激励与约束机制，通过量化评定考核其工作效率，以公平公正的绩效考核与奖惩措施来提高财务人员的工作积极性与主动性。

2. 重视内控制度建设

各单位要根据新预算法的规定，结合单位财务管理中存在的问题和不足，充分评估各环节的风险点，从事前、事中、事后三个方面入手，制定科学的管理方法和解决措施。高效健全的内部控制工作应该做到：一是制定有效的内部牵制制度，实现权责分明，从制度上杜绝财务人员利用职务之便谋取私利的行为，确保资金管理的规范性；二是建立健全内部财务管理制度，严格规范往来账款的管理程序，为政府拨款能得到专款专用提供制度保障，在合同的管理中，应运用法制的思维方式提高合同的管理和履行能力，同时加强业务管理部门与财务部门的沟通；三是完善票据的管理制度和固定资产的管理制度，以此保障事业单位会计信息的准确性和完整性。

3. 强化信息化建设

信息技术对事业单位预算编制、资金支付、财务核算与决策等方面都有重大影响，国库集中支付已经开启了事业单位信息化道路，要应对新预算法带来的工作调整，信息化建设无疑是一种高效途径。第一，要从单位内部财务管理的实际需要出发，对业务、财务进行流程改革，以提高财务的科学性、效率性。第二，要建立健全信息化管理制度，应当从软件、硬件两方面进行划分。软件上，事业单位应将系统划分成多个权限独立、信息联通的个体，在保障独立性的同时防止“信息孤岛”现象的出现，在此基础上，配套建设各项信息化管理制度，从而保障财务管理信息化得以顺利开展；硬件上，要保障信息化系统的设施建设及其配套维护，应培养人才，优化使用系统。第三，要将事业单位信息系统建设为监控式服务，在解决财务信息统计核算、采集的同时，也要保障单位经济活动信息的公正、公开，为民众监督提供新途径，将事后追责转变为事中监督。

四、新预算法下财务工作的提升建议

在新预算法的出台和推行之下，行政事业单位的财务管理工作需要不断进行改革与完善，从而有效解决当前财务管理中存在的种种问题，推动行政事业单位实现长久稳定的发展。因此，基于新预算法视角，重点围绕行政事业单位财务管理问题及相应解决措施进行探究。

（一）加强财务管理监督控制

行政事业单位需要尽快加强对财务管理工作的监督和控制。新预算法当中提出需健全规范公开的预算制度，并明确规定了预算公开的具体内容、时间等，对凡是违反新预算法规定的政府、有关部门和单位，在要求立刻进行整改的基础上，追究相应负责人的法律责任。因此，行政事业单位需要积极拓宽信息公开渠道，联合社会多方力量全面真实地公开财务信息，规范财务收支行为。另外，行政事业单位还需要注重管控财务风险，在内部建立起风险控制体系，使用科学合理的制度对人、财、权进行三方约束，依法落实预算执行。

（二）需要落实绩效考核机制

行政事业单位还需要采用严格的预算绩效管理制度用于有效提升预

算执行率。行政事业单位需要为预算编制预留出足够的时间，在编制的过程中严格落实新预算法当中提出的勤俭节约、量入为出的原则，使得财务预算编制能够真实反映出行政事业单位的收支情况。另外，行政事业单位需要对内部预算支出等工作进行绩效评价，对于玩忽职守、消极怠工或是在财务管理中出现严重失误的工作人员视情节给予警告或开除处分。采用刚性约束方式，定期监督检查财务管理落实情况，明确具体的核算实施程序，落实职责分工并将财务决策同核算联系起来，加大行政事业单位的财务预算透明度。管理人员还需要定期去清查、盘点本单位的实物资产，以有效保障账物相符，提升国有资产的安全性与完整性。与此同时，还可以借助信息公示栏、互联网、论坛、大众媒体等各类媒介实时发布行政事业单位财务管理的各项信息，通过公布热线电话或增设网络投诉窗口等方式，鼓励全社会人士对其进行严格的监督与管理。

（三）预算与执行的有机统一

在实行国库集中支付制度之后，政府将全部财政资金都归纳至国库单一账户体系中进行统一管理，所有收入也直接纳入国库当中，所有支出由国库单一账户体系进行统一支付。此举将预算和执行有机统一，使得行政事业单位能够随时随地掌握各项预算的实际支出情况，确保每一笔支出都在预算控制指标之内。政府采购预算编制是 2017 年预算编制提出的新要求，而实行政府采购能够有效约束行政事业单位的采购行为，避免出现重复或盲目采购的行为。在此基础上，行政事业单位需要深入细化采购预案，并公开所有采购行为，从而有效提升采购的透明度。在采购过程中，必须要求材料商提供材料发票，并且管理人员需要仔细验证发票的真实性，而当材料金额超过一万元时需要通过银行对公账户支付，确保收款方与发票上的信息完全一致。

总而言之，新预算法的出台实施能够有效推动我国社会经济实现稳定、健康发展。通过对现阶段行政事业单位中财务管理工作存在的问题进行简要分析，尝试提出在新预算法角度下落实行政事业单位财务管理的方法措施，如财务管理监督控制、建立绩效考核制度、提升管理人员综合素养、提升财务管理信息化与精细化程度等措施，希望能够为优化、完善财务管理提供帮助。

第四章

大数据背景下
财务管理人才培养模式

第一节　新技术背景下财务管理专业人才培养模式

一、新技术背景下财务管理专业人才培养模式改革的必要性和可行性

（一）必要性分析

新技术背景下财务管理专业人才培养模式亟须改革的必要性表现在以下几个方面。

首先，新技术背景下，课程体系需要涵盖“大数据＋财务”、人工智能与财务、云财务等新技术类课程。通过学习新技术类课程，学生能够及时了解新技术在财务中的应用，进而能够提高在新环境下解决企业财务管理存在问题的能力。但是目前大部分高校财务管理专业课程体系停留在基础理论知识教学层面，教学知识与正在盛行的财务管理理论不匹配。

其次，人才培养改革需要师资力量支持。高校应利用新技术促进财务管理专业教师队伍现代化建设，构建信息技术与财务管理专业教育教学深度融合，提升财务管理教师教学能力。但是目前高校财务管理专业教师教学能力参差不齐，甚至存在教学懈怠现象，而且财务管理专业教师欠缺新技术类知识。

最后，高校需要构造新技术背景下实训课程教学环境，即高校应具备与新技术匹配的实训课程软件。但是目前高校财务管理实训依托的软件较为陈旧。

综上所述，新技术背景下财务管理专业人才培养模式改革具有必要性。

（二）可行性分析

新技术背景下财务管理专业人才培养模式改革具备可行性，具体表

现为：一方面，社会存在大量具备新技术技能的人才。大数据、人工智能、云计算等新技术发展迅速，很多企业进行财务管理时广泛应用这些新技术，企业中存在既懂财务管理又会新技术的复合型人才，学校可以邀请这些复合型人才对财务管理专业教师进行新技术技能培养。另一方面，改革得到国家政策支持。国家一直提倡以人工智能、大数据、物联网等新兴技术为基础，推动新技术支持下教育的模式变革，新技术背景下财务管理专业人才培养改革符合国家政策导向。

二、基于嵌入理论视角的财务管理专业人才培养模式改革措施

新技术背景下，财务管理专业人才需要具有利用大数据、人工智能、移动互联网、云计算等新一代信息技术分析财务问题的能力。但是，高校财务管理专业人才培养面临的主要问题是如何使其能够敏锐捕捉财务管理理论的发展变化，进而能够及时更新培养方案。而嵌入式教学可以在高校财务管理专业内部资源与社会各方资源之间建立联系。“嵌入”一词广泛应用于计算机领域，随着理论内涵不断外延，嵌入理论逐渐开始应用于教学改革研究中，即教学活动必须嵌入整个社会网络这个大环境之中。此外，高校财务管理专业内部资源没有集中于高校的某个系统中，内部资源无法集中将不利于其和社会各方资源之间建立联系。因此，高校应建立学生综合系统，并将学生综合系统嵌入区域经济与校际网络之中，以期达到高校财务管理专业内部资源与社会各方资源之间建立联系的目的，进而满足社会对财务管理专业人才的要求。

（一）培养复合型人才

人才培养目标决定了培养输出的人才是否能够适应社会。新技术背景下，高校需要紧密结合新技术环境下财务管理专业人才需求特征重新明确人才培养目标。财务管理专业学生应具备的核心技能需要向财务管理前沿方法、新一代财务软件应用、Python应用技能转变。所以高校财务管理专业人才培养目标应是具有扎实的财务管理知识、掌握新一代

信息技术、能够运用互联网等新技术进行财务数据分析，同时具备沟通协调能力、数据挖掘分析能力和创新能力的复合型人才。高校应鼓励具备大数据、云计算、人工智能等新技术知识的人才自觉主动地学习、研究财务管理知识，同时财务管理业内人士也应该熟练运用云计算、大数据等新技术，培养“财务管理＋新技术”复合型人才。

（二）提升师资队伍的综合实力

教师是教学活动的重要参与者，师资队伍在一定程度上能够影响财务管理专业人才培养改革。目前高校应注意增加教师实践经验，提高教师知识水平和授课水平。首先，增加教师实践经验。高校要积极鼓励财务管理专业的教师参与到企业各项流程中，积累实践经验，并运用这些经验来引导学生提升自身的专业素养和各项业务能力。有条件的高校可以定期邀请企业中高层管理人员为教师培训财务管理方面的实践经验。其次，提高教师知识水平。高校可以设置基金来培养更多的优秀青年教师，利用该资金进行定期培训，让青年教师不断学习新技术方面的知识，提高自身理论知识水平。最后，提升教师授课水平。教师应借助互联网与优秀教师进行良好沟通，激发自身创新能力，敢于进行教学改革，为学生营造良好的学习氛围。

（三）构建学生综合系统

学生综合系统能够智能地对每一个学生在校学习情况进行评估打分，可以动态监测学生的综合能力。通过该系统，高校可以实现让学生按照自己的兴趣和不足自主选择不同模块来提高自身的综合能力，借此可以让学生参与到人才培养的过程当中。该系统包括专业知识模块、业务能力模块、综合应用模块三个方面。专业知识模块可以用来反映学生的专业知识水平，也是学生综合系统的基础模块。业务能力模块可以用来反映学生的知识应用水平。综合应用模块可以用来反映学生的综合实力。

专业知识模块中可以导入财务管理专业课程体系，具体包括基础专业能力模块、新技术能力模块和综合能力模块。基础专业能力模块包括财务管理、基础会计学、税务会计、金融学等财务管理专业基础课程以及与财务管理交叉学科专业基础课程；新技术能力模块包括虚拟化技术、Python数据分析、大数据分析基础等新技术能力培养课程；综合能力模块包括"互联网＋财务管理"、智能财务管理、云财务管理等相关课程。专业知识模块利用互联网与人工智能技术对学生专业知识学习情况进行汇总评估，从而反映出学生的优势学科和弱势学科。通过这个系统的评估结果，学生可以更清楚地知道自己的不足，及时查漏补缺，相关领域的教师更容易发现具有潜力的学生，便于提升学生的竞争力。

业务能力模块中包括实践模块、技能大赛模块和创新创业模块。实践模块又包括财务管理专业实践课。财务管理专业实践课应改变以往传统培养方式。首先，学校应该增加实践教学课时。只有具备丰富的理论知识以及熟练掌握实践技能，才能够满足企业需求。其次，建立校企合作机制。通过与企业建立实践教学基地，企业真正参与到教学过程中，从而更好地解决财务管理专业实习难的弊端。最后，营造团队实践教学氛围。实践教学过程应尝试运用团队学习，提高学生沟通能力、团结合作能力。团队学习过程应引入企业真实案例，小组内部共同解决案例问题。技能大赛模块涵盖各级各类技能大赛的培训、选拔和参赛三个环节。该模块旨在鼓励师生积极参加技能大赛，"以赛促学，以赛促教"，提高学生解决财务管理问题的专业能力。创新创业模块包括创新创业大赛培训、选拔、参赛三个层面。该模块旨在培养财务管理专业学生创新意识、新技术应用能力和社会活动能力。

综合应用模块强调在专业和拓展创新的基础上，着力培养财务管理人才的人际沟通能力、数据挖掘分析能力。该模块主要包括校外实习环节和科研环节。校外实习环节指高校财务管理专业应与信息化程度较高的企业合作，使学生可以利用寒暑假进入企业实习。科研环节则是在本科阶段让学生有意识培养主动发现问题、分析问题、解决问题的能力。

学校主动和相关的科研院所取得联系，科研院所可以和导师等高层次人才进行共享与交流，进而学校可以和科研院所共同研究社会上财务管理前沿问题，并且由导师成立定向的科研班。学生综合系统会根据学生的综合能力和兴趣方向为其推荐相应的科研班，学生通过科研班的学习可以培养其科研能力。

（四）学生综合系统与社会的深度融合

学生综合系统需要分别与区域经济网络、不同高校间网络进行结合。高校发展和所在区域经济发展互相影响，区域经济发展推动当地企业管理水平提高，当地企业管理水平促进区域经济发展，而企业管理水平依托中高层管理人员的知识广度和深度。高校教育首要任务是为区域经济发展注入新生力量，高校应为区域经济持续提供大量高素质财务管理专业人才。因此，高校应满足当地区域经济发展人才要求，全方位深入了解当地企业财务管理发展现状，学生综合系统需要与区域经济网络互联互通。区域内部不同高校的财务管理教学理念、教学水平参差不齐，为了培养高素质财务管理专业人才，高校间应团结合作共同构建高校间网络关系。

1. 打通学生综合系统与区域经济的网络关系

高校需要满足所在区域对财务管理专业人才教育的期许，进而吸引较多本区域生源，为本校财务管理专业获取更多教学资源，维护自身财务管理专业声誉；同时需要提升自身财务管理专业培养能力，主动突破区域限制获取区域外生源的信赖。但长期以来，高校无法充分利用区域资源形成自身财务管理专业人才竞争优势。就此而言，高校应摒弃长期依赖的财务管理专业人才培养路径，主动吸收区域内部提供的财务管理教学资源。对于高校财务管理专业人才培养而言，其可以抓住区域新技术特点，将财务管理教学与区域新技术相融合。随着区域新技术不断发展，高校所在区域企业财务管理实务水平不断提高，高校应与当地政府、企业等社会主体共同构建区域经济网络。

虽然当前高校建立的学生综合系统考虑了学生对新技术的学习需求，但是在技术大变革时代，学生仅仅依靠学习新技术并不能理解技术变革对财务管理专业带来的影响，只有将新技术嵌入区域经济网络，才能让学生体会新技术对财务管理专业的影响。新技术背景下，高校应将学生综合系统和区域经济互联互通。因此，学生综合系统应在业务能力模块添加产教合作部分。一方面，根据高校所在区域财务管理实务发展水平设置相应的财务管理专业辅助课程。区域经济发展将会带动财务管理实务发展，两者相辅相成，高校的学生综合系统应根据新技术发展动态形成财务管理专业所需学习的辅助课程。学生综合系统更新相应课程后可以自动提醒学生课程已经更新完毕，并且可以根据学生自身专业课程学习情况以及兴趣方向等智能选择出相应的专业辅助课程。由于学生综合系统能够智能地选择出适合学生的专业辅助课程，学生将会根据自身的学习安排自主选择时间进行高效学习，进而提升自身专业能力。另一方面，根据高校所在区域的产业布局，校企共同打造合作平台，该平台依附于综合技能模块。校企合作平台的建立需要建立校企长期合作机制，发展一批稳定的校企合作单位，进而为学生提供校外实践场所。学校根据企业中使用的新技术的变化，不断更新教学软件和实训平台，让学生掌握基本技能。

2. 打通校际网络关系

区域内部各高校财务管理专业存在竞争生源关系，但是其目的都是为区域输出高素质财务管理人才，因此，高校间应建立网络关系。首先，对于财务管理专业实践能力培养而言，高校有自身固定的校企合作对象，但是由于高校自身财务管理专业教学能力问题，与之合作的企业不一定具备和区域新技术相匹配的财务管理能力，学生实习效果不佳。因此，高校间可以团结合作，共同与区域内企业构建大学生财务管理专业实习基地。其次，对于财务管理专业科研能力的培养而言，导师可以自设科研班，但是由于学校本身的教学资源以及自身能力问题，仅凭借学校内部的能力难以厘清当地产业各个环节的创新需求。对于本校而言，厘清各个环节的创新需求需要教师具备跨学科知识，以及投入大量的时间、人力和财力成本。因此，与区域同类高校结成联盟不失为一种合理的解决方式。通过这种解决方式可以最大限度地利用区域间同类高校的优势，降低学校内部资源的限制，促进教师和学生科研能力的提高。最后，对于财务管理专业师资队伍而言，不同高校教师可以不定期进行财务管理教学能力培训，培训内容包括教学水平、预见能力和新技术。不同高校财务专业教师之间应相互沟通，共同研究学习当地新技术运用问题，探讨如何提高教学水平。同时，教师及时发现当下典型的财务管理案例后，可共同将财务管理问题转变为专业教学内容。

3. 打通学生综合系统、区域经济、不同高校之间的网络关系

高校财务管理专业人才培养改革需要不断从区域经济网络、不同高校之间的网络关系中获取财务管理专业相关资源，并将其内化为自身专业的竞争优势，即高校需要将从外界获取的资源转化为自身的教学、竞赛和创新创业资源。新技术背景下，互联网、人工智能等新技术为高校获取专业相关资源带来便利，同时也为其获取相应资源带来壁垒。由于网络内部的资源不具备自由流动性，成员要想获得更多有价值的资源就要建立彼此之间高度信赖甚至依赖的关系。这就要求高校既要改变以前固有的培养方式，积极主动地参与到区域经济和不同高校网络之中，又需要增加不同网络成员之间的信任。

第二节　信息化环境下
企业财务管理人才培养模式

企业信息化使企业实现了采购、生产、销售、核算、报告和纳税等各生产和核算信息的无缝连接，可以进行资源集中配置和数据集中共

享，这给各类理财主体公平理财提供了一个高效的数据平台。在财务管理人才培养模式中应该考虑企业信息化的要求和影响，考虑信息加工方式的变化，设计出与信息化要求相匹配的教学和实验内容，让学生切身感受到信息化给企业理财带来的影响，提高信息化环境中的理财技能。

一、信息化对企业财务管理人才培养的新要求

信息化是企业财务管理方面正在进行的革命，从企业内部控制设计到财务报告披露方式和内容都在发生着巨大的变化，这些变化和影响对目前的财务管理人才培养提出了许多新的要求。

（一）要求教学模式强化理财主体的理财目的

信息化在企业内部可以实现采购、生产、销售、核算、报告和纳税等各类企业信息的无缝连接，达到资源的集中配置和数据的集中共享，避免产生“信息孤岛”。在企业外部可以通过互联网向其他理财主体发布针对性的理财信息，可提高政府部门、银行和股东等理财主体的财务管理效率，降低各自的财务管理成本。信息化为企业各类理财主体提供了一个公平理财的平台，在有关法律、制度的保障下，通过信息化，各类理财主体就可以实现公平理财，通过追求各自利益的最大化，最终达到企业价值的最大化，实现财务管理的最终目标。在这样的环境下，企业财务管理人才培养必须适应信息化的要求，针对性地强化理财主体的理财目的，让学生体验各类理财角色，这是财务管理教学改革的主攻方向。

（二）要求教学过程充分利用信息平台模拟技术

企业的信息化要求财务管理人才培养方式不断革新，将传统培养方式转变成信息化培养。信息化培养是指通过网络、ERP信息平台、模拟工具视频等进行的学习与教学活动。它充分利用现代信息技术所提供的、具有全新沟通机制与丰富资源的学习环境，实现一种全新的学习方式。这种学习方式将改变传统教学中教师的作用及师生之间的关系，从

根本上改变教学结构和教育本质。这就要求教师在教学过程中要充分利用信息平台模拟技术，首先分析各种先进的管理手段对财务数据加工过程的影响、财务数据加工速度和方式的变化，然后考虑怎样利用这些信息和方法，最后呈现这些变化过程，让学生进行决策。在现代化的信息环境中，企业的财务信息可以实现即时更新、存储、取用、分配和共享，在教学过程中可以让学生适时了解这些信息。

二、传统财务管理人才培养模式已经不能适应信息化的要求

企业信息化的影响是革命性的，它对财务管理人才提出了新的要求。但传统的财务管理人才培养模式已经不能适应企业信息化的要求，这主要表现在财务管理核心体系不能突出主体理财的要求。

企业信息化环境可以为理财主体提供直接相关信息，但是目前的财务管理核心课程的内容安排却不能体现理财主体的目标要求，致使理财目标和理财方法之间出现矛盾。这就使得财务管理人才培养的目标界定成了最不容易明白的问题，为之后的课程体系设置、教学内容安排和教学方法选择埋下了隐患。学生很容易混淆自己所学理财方法的目的，不明白这些方法应该什么时候用，什么情况下用，自己担当什么角色时用。这样的课程体系安排问题在手工财务阶段并不是很突出，因为在手工财务阶段，财务信息的加工和披露是围绕企业的投资人进行的，为其他的理财主体提供信息只是附带进行，不可能进行专门的信息加工和披露。但是企业信息化以后，财务信息的加工效率极大提高，为各类理财主体提供针对性的理财信息已经成为可能。在这样的环境下，财务管理课程体系设置还是以所有者为主，还没有明确其他理财主体的理财要求，不发展针对性的理财方法，这就不能满足政府、债权人和管理者等的现实理财要求，整个社会理财环境就不完整，也就没有办法达到公平理财、和谐理财的目的。

这种情况在财务管理课程的教学过程中最为明显。在财务管理课程

中一般将企业价值最大化界定为理财目标，并用长期的股票价格作为衡量标准。股票的价格是和每股收益及股利分配情况直接相关的，想提高股票价格就要不断提高每股收益，并保持合适的股利分配率。但是在各类财务管理教材的长期筹资决策中都采用了综合资金成本法计算综合资金成本，在计算时包括各个渠道的资金，当然也包括股权的资金，追求股权资金成本降低也成了综合资金成本降低的一条途径。可是普通股资金成本降低就标志着每股收益的降低，至少是股利分配率的降低，这和财务管理的目标描述是矛盾的。这样的矛盾必然增加学生学习的难度，也使这些理财技能的实际使用效率极低。造成这样混淆情况的原因在于，财务管理课程体系设置没有按照理财主体的理财目的进行，将所有的方法罗列在一门课程中，虽然在方法分类上做到了清晰明了，但是在实际理财技能培养方面却存在诸多问题。因此，不能从理财方法的角度解释财务管理目标，而要从理财主体的角度去解释财务管理目标，围绕各个理财主体的不同要求安排课程体系。这样既可以减少课程教学中的诸多矛盾，也可以为各类理财主体的理财方法的发展提供框架支撑，更重要的是可以更好地满足企业信息化对财务管理人才的要求。

三、信息化环境下财务管理模拟实验设计

完善信息化环境中的财务管理实践教学体系建设，首先要不断加强财务管理模拟实验室软硬件条件建设，建立能够进行市场模拟、情境演示和 EP 平台数据的财务管理模拟环境。其次就是不断强化与企业的联系，通过获取企业信息化过程中的新数据、新成果来丰富教学内容。更重要的是做好实验教学内容的设计，体现信息化环境中的实验教学要求。

（一）信息化环境下理财常规实验

1. 企业经营角色沙盘模拟

学生扮演不同的模拟企业 CEO、财务主管、销售主管等企业经营角色，模拟企业的投资、筹资、运营和利润分配等环节，结合实际案例

进行讨论，切身感受企业的财务管理过程，熟练使用各类企业理财技术。

2. 从个人投资和贷款管理角度进行上市公司报表分析、交流

学生以5～7人为一组，分别从个人投资和贷款管理两个角度选择同一行业中的三个上市公司进行理财分析，提出理财意见，进行交流讨论，提高个人投资和贷款管理的能力。

3. 大股东角色的集团财务模拟

构建一个企业集团模拟环境，从资本运作角度进行公司治理、并购、上市和利润分配等操作实验，感受大股东理财的理论和技术。

4. ERP信息平台数据录入和使用

开发有利于各个理财主体进行理财的ERP信息平台，输入各类基础数据，各类理财人员都可以利用这个平台获取财务数据进行财务分析，这是一个和会计信息系统结合在一起的实验过程，是财务管理的一个发展方向。这种平台的开发和利用，可以促进公平理财环境的构建，形成一个和谐的企业理财生态系统，保障各类理财主体的正当利益。

（二）信息化环境下经济危机理财实验特例

针对目前的经济危机外部环境，利用市场模拟实验室模拟经济危机的形成过程，让学生体验经济危机条件下的理财过程。

1. 学生分组和数据准备

参加市场模拟实验的是学习完ERP沙盘模拟，能够掌握ERP信息平台操作技术，并学习了一些财务管理知识的学生。危机模拟以建筑企业为例，所以学生首先要参观几个建筑企业，对企业的生产经营情况有一个全面的认识。然后以三个同学为一组，分别担任公司主管、财务主管和生产主管，根据班级大小分成20～30个组，每一组在ERP平台下输入一个建筑企业的期初数据，其数值由教师根据市场情况设定，主要包括企业货币资产、债权、产成品、原材料、固定资产和无形资产的期初余额；短期负债、长期负债等负债余额；实收资本、资本公积和未分

配利润等所有者权益金额。每个企业期初的销售利润率设定为20%。商品房的成本分成材料成本和非材料成本两个部分，材料成本所占比重为70%。主讲教师担任政府和客户两个角色，指定两个助理教师分别担任银行和供应商的角色，具体设置过程参考ERP沙盘模拟课程，总共设计8～10年的经营数据。各组最后的成绩按照其模拟企业累计利润总额确定，如果企业倒闭，就只能退出竞争。

2. 教师数据准备

第一，原材料的期初供应量是现在所有企业生产消耗量的110%，以后在这个基础上每年增加8%的原材料供应量。如果原材料的需求数量超过了所能供应的数量，就由各组竞价进行调节。模拟企业所购原材料必须在一个经营年度消耗完，如果年末原材料的储备超过期初储备额的2%，将无偿收回其超过部分。

第二，商品房的期初购买数量为生产能力的110%，以后为所能购买到的所有商品房数量。当商品房销售价格停止上涨后，市场停止购买，销售数量归零。商品房的销售价格设定为逐年上涨的趋势，第一年上涨比例为2%，第二年为3%，第三年为5%，以后分别为10%、20%、40%、80%。当贷款总额度用完以后，商品房价格停止上涨并迅速回归到期初水平。贷款总额度设定为期初所有模拟企业资金总量的20倍。商品房的非材料成本部分保持不变。

第三，银行贷款的年利率为10%，前四年保持不变，四年以后，每两年提高一次利率，提高幅度为2%。每个企业的负债总额不能超过其所有者权益总额的三倍，也就是不能超过75%的资产负债率。这些数据都是结合经济发展的一般规律设定的，教师在使用时可以根据实际情况进行调整，不必完全告诉学生，如果有学生询问可以告诉他们趋势。

理财实验是一个开放的实验环境，各组的经营策略是不一样的，大部分模拟企业在实验的第一年经营比较谨慎，会维持原有的生产能力和销售水平，生产平稳进行。当有的模拟企业感受到房屋的销售价格在不断提高后，就会投资基本建设，增加生产能力，获取的利润会明显增加，由于获利的示范作用，其他组也会效仿，生产进入了高速发展期。由于扩张生产的组数增加，原材料供应出现紧张，有些因为竞价使得原材料价格逐步提升。这时有些组就会有囤积原材料的打算，因为规则限制，他们没有办法囤积原材料，就会增加贷款，缩减销售，囤积产品。到了这个时候原材料的价格和房屋的价格都进入了飞涨阶段，但是因为竞相囤积，市场中的商品供应量极度减少，随着贷款总额度的用完，价格回归到了最初的水平，进行企业清算，大批企业倒闭。也有一些企业最初的时候就很谨慎，没有及时提高生产能力，企业利润增加的速度很慢，当企业必须靠争夺原材料进行生存的时候，因为没有办法获取必需的材料而停产，甚至倒闭。还有极少数企业能够跟随经济形势的变化而调整自己的财务管理政策，在平稳发展的时候就开始增加生产的规模，积累利润，最大限度地获取贷款，扩大生产的规模，在价格飞涨的时候减少商品的销售，囤积商品，在大部分企业都囤积商品的时候，将产品全部销售，将所有多余的生产能力进行了变现，最大限度地保留现金，并将生产规模缩小到了最初的规模。实验的最后还要引导学生进行总结、提炼和交流，探索实际的经济危机理财措施。

第三节　大数据背景下财务管理立体式人才培养模式

大数据背景下企业对财务管理人才提出了更高要求。大数据分析技术在财务管理中的运用，促使企业财务管理由精准核算型向管理型、决策型转变，企业财务预算从事后补救向事前参与转变。从数据中获取价值、让数据主导决策正在推动着高等教育财务管理专业人才培养工作的重新定位。

一、大数据时代下财务管理立体式人才培养模式的主要特点

大数据时代下，财务管理立体式人才培养模式是通过创造立体多维式的学习环境，让学生通过多维度的学习模式接受多维度的学习内容，最后通过多维度的教学评价进行反馈和完善。它包括教学载体（怎样的多维度学习环境和载体）、教学内容（怎样的多维度学习内容）、教学方法（怎样的多维度学习模式和结构）、教学评价（怎样的多维度评价模式）等多个维度。

在大数据时代，财务管理立体式人才培养模式的特点有：注重队伍建设，实现“立体化”教学团队；注重问题导向，实现“立体化”教学内容；注重数据化与财务管理相结合的课程优化，实现“立体化”教学结构；注重学生主体，将企业搬进课堂，实现“立体化”教学载体；注重过程培养，实现“立体化”教学评价。

（一）实现立体化教学团队

1. 院内师资团队

打造一支优秀、专业的教学团队，积极推进教学骨干教师、专业学术带头人的培养。利用专业带头人的标杆作用和影响力，带动专业建设和教学团队建设。鼓励教学团队教师积极参与大数据、智能财务有关的教学和学术会议。鼓励教学团队成员积极考取相关的职业资格证书，如注册会计师、数据分析师、金融分析师、精算师等。同时，鼓励教师到实体企业兼职，打造理论水平高、实操能力强的优秀教学团队，培养大数据时代下的复合型财务管理人才。

2. 校内学者团队

邀请校内其他领域教师参与到财务管理教学团队之中。例如，邀请计算机专业、数学专业、统计学专业、工商管理专业等学科的专任教

师，采用讲座、论坛或专题形式将其他学科教师的专业所长有计划地融入财务管理的教学计划中，实现跨学科的知识结构整合，拓展学生的知识面。

3. 校外专家团队

利用校企合作方式，有针对性地引进实务经验丰富、业务综合能力强的企业骨干作为教学的储备教师，从而更好地指导实践教学。另外，也可聘请校外知名专家和企业的数据分析师到学校开设专题讲座，通过讲座式、专题式教学模式，加强学生与实务界数据分析师、智能财务专家的交流，鼓励学生去企业实习智能财务相关工作，并将学生的实习表现及实习单位对人才的需求等及时反馈到人才培养计划中。

（二）实现立体化教学内容

1. 注重数据分析工具的掌握与运用

传统的财务管理教学内容是以教师“满堂灌”的讲授方式为主，过分注重财务管理理论的学习，学生动手实践的机会较少。而且，教师在传统财务管理课堂上用到的教学案例较为陈旧，软件的使用大多基于 Excel 等基础软件的运用。在大数据时代，数据的复杂性和非结构性决定了常规的习题、传统案例将不再适合教学需求，简单的 Excel 也不能满足企业财务数据分析所需。在这样时代背景下的财务管理教学，不仅要教会学生专业的财务管理技能，更要注重培养学生如何从纷繁复杂的财务数据中挖掘出有用的财务信息，并利用统计软件对这些大数据进行建模和分析。教师应在课堂上注重理论知识与数据分析软件的结合，引导学生学习 SAS、Stata、Phython 等应用软件。除这些数据分析软件之外，还可以引导学生学习利用一些新型开发软件来辅助解决大数据问题。

2. 注重将财务数据与企业经营管理系统性地结合

大数据经济环境下，财务管理人员要用系统性思维分析大数据，从专业角度解剖数据与企业经营能力，然后对大数据进行拆解、分类、合并，最后将数据变成“可透视数据”提供给决策者。这要求财务管理人员不仅要精通财务管理技能，还要具备较高的数据分析能力、数据挖掘能力、将财务数据与非财务数据整合的分析能力、大数据与财务最大限度融合的创新能力等。

因此，在财务管理学的教学内容方面，应将企业管理、市场营销、物流管理等知识融入企业财务管理的课程中，并以案例的形式提高学生对知识的综合运用能力，帮助学生学会用数据挖掘、数据分析、数据决策等方法将大数据信息转换为“可视化数据”。

（三）实现立体化教学结构

传统讲授式财务管理教学模式已不能满足大数据背景下财务管理人才的需求，现实中的企业对财务管理学生的实践能力、数据分析能力、跨专业综合素质等提出了更高的要求。立体化教学结构将通过精讲式、专题式、翻转互动式、启发研讨式、情境模拟式等多种教学手段组织教学安排，彻底改变过去单向灌输式教学模式。将过去课堂上教师“满堂灌”的教学方法转变为教师是课堂良好互动环节和氛围的创造者，学生与教师成为平等交流互动的主体。立体化教学结构主要包括以下两个方面。

1. 专题式课程设置

财务管理课程采用专题式教学，除了讲授传统的财务管理专题内容之外，还应该开设数据挖掘与数据分析、流数据分析技术、智能财务及其实践应用等课程，通过机器学习、统计软件数据挖掘等技术，使学生进行实际的数据挖掘操作以及网络分析数据。

2. 讲座式课程设置

开设财务管理前沿讲座，以及大数据在企业财务管理中的运用、智能财务如何帮助企业进行经营决策等讲座类课程，同时借助实际案例向学生展示如何利用 Stata 等统计学软件进行数据挖掘、数据整理和数据决策等。在财务管理课程体系外增加第二课堂，引导学生参加数学建模比赛、企业财务决策经营大赛等赛事，鼓励学生自发寻找问题、解决问题，从而提高学生团队合作能力以及解决实务问题的能力。

(四) 实现立体化教学载体

1. 利用互联网打造翻转互动式、情境体验式课堂

创建以翻转课堂为平台、以情境式教学模式为基础的教学环境，开发、收集、组织与大数据时代财务管理教学相关的资源，形成教学资源库。

2. 利用慕课（大规模在线开放课程）提高教学效率

利用视频、音频、图文等形式来阐述大数据时代财务管理的理论与实践问题，同时，在慕课中融入相关测验，以便于学生及时巩固所学知识。师生通过慕课平台、学习通平台、雨课堂小程序等实现课内外互动。教师在解答问题的同时，既能及时了解学生情况，也能得到教学反馈。

3. 利用教学实践基地加强实践能力培养

围绕专业技能人才培养的目标，建设高水平的教学实践基地。建设内容包括校内模拟实验、实训基地建设、校外企业参观学习、实习实训基地管理机制建设等。

(五) 实现立体化教学评价

在评价方法上突出多样化、多元性，采用诸如模拟实验、调查报告、企业实习等方式进行教学效果跟踪评价，根据学生实际表现和实习成果进行综合考评，并引入企业评价。将学校的内部条件和外部资源相结合，利用课程实践平台、专业实习平台和社会实践平台开展多元化教学评价。

二、财务管理立体式人才培养模式未来的发展方向

面对互联网技术、大数据和人工智能发展浪潮，传统财务管理课堂教学工作必须发生转变。财务管理立体式人才培养模式要坚持“以学生

为中心”，注重产教融合、科教融合以及技教融合，利用线上线下相结合的方式将“企业搬进课堂”，进行翻转课堂、立体化课堂改革，并以应用型人才培养目标为导向，充分启发学生的思维，培养其分析和解决实际问题的能力。为了满足未来数据化时代对人才的需求，财务管理立体式人才培养模式未来将在以下方面进行改善。

（一）推进产教融合

加强产教融合、科教融合、技教融合，将它们贯穿到财务管理立体课堂的人才培养目标、学习目标、课程教学设计、教学方法和路径以及教学效果评价等教学全过程当中，注重培养学生数据分析能力、综合实践能力，打造具有金融特色、注重学生价值培养的课程。

（二）提升大数据分析能力

通过 Excel、Stata 等工具的运用，培养学生数据分析处理能力和财务决策能力，利用大数据分析技术将会计语言转变为“可视化”的财务信息。

第五章

大数据背景下财务管理专业教学模式

第一节　教学模式概述

随着科学技术的迅猛发展及社会的进步，高等教育的教学目标、教学对象和教学内容都发生了巨大的变化，高等教育要想培育能够解决实际问题的、新时代所需要的、具有世界竞争力的人才，就必须积极探索新型教学模式。

一、教学模式的概念

“模式”一词在现代社会中运用较为广泛。汉语中，模式是指“标准的形式或样式”；在英语中，它和“模型”“模范”是同一个词，即“model”。模式通常被理解为经验与理论之间的一种知识系统，是再现现实的一种理论性的简化形式。概括来讲，它包括三个要点：第一，模式是现实的再现；第二，模式是理论性的形式；第三，模式是简化的知识系统。

教学模式是指在一定教学思想或教学理论指导下建立起来的、较为稳定的教学活动结构框架和活动程序。它既是教学理论的具体化，又是教学经验的一种系统概括；它既可以直接从丰富的教学实践经验中通过理论概括而形成，也可以在一定的理论指导下提出一种假设，经过多次实验后形成。所以说教学模式也不是纯理论，它还含有程序、结构、方法、策略等远比纯理论丰富的东西。

教学模式不同于教学方法。教学模式是在教学实践中基于教学形式和方法而产生的一种综合性的形式，是宏观层次的概念；教学方法是教师和学生为了实现共同的教学目标、完成共同的教学任务，在教学过程中运用的具体方式与手段，是一个微观层次的概念。教学模式与教学方法有密切的联系，教学方法是教学模式的重要内容，包含在教学模式之中，它比教学模式更具体。教学模式不是计划，计划只是教学模式的外在表现，不足以揭示其内在的教学思想或意向。

二、教学模式的结构

教学活动存在于一定的时间和空间中。在空间上，教学活动表现为根据一定的教学理论、教学目标，处理和安排教师、学生、教学手段三者的地位、作用与相互关系；在时间上，教学活动表现为教师、学生、教学手段三者相互作用的具体实施过程。

因此，不同的教学理论、教学目标对教师、学生、教学手段三者的地位、作用、相互关系的不同观点与处理、安排，以及所具有的时态序列，就形成了不同的教学模式。教学模式最突出的特点在于它是一种结构，且这种结构是由若干个与培养人才有关的要素组合而成的一种结构。人才培养模式是在一定的社会经济环境下，为实现人才培养目标而把与之有关的若干要素加以有机组合而形成的一种系统结构，是可供教师和教学管理人员在教学活动中借以进行操作的既简约又完整的实施方案。

一个完整的教学模式一般包括以下六个基本要素。

（一）教育思想与教学理论基础

理论基础是教学模式赖以建立的教学理论或思想，是教学模式的灵魂。教学模式是一定的教学理论或教学思想的反映，是一定理论指导下的教学行为规范。不同的教学观往往提出不同的教学模式。在人才培养模式中，教育思想与教学理念居于指导与支配地位，它制约着培养目标、培养规格、课程体系和培养过程。改革人才培养模式应首先从转变教育思想与教学理念着手。

（二）教学目标

教学目标是指模式所能达到的教学结果，是教育者对某项教学活动在学习者身上将产生的效果所做出的预先估计。所谓人才培养目标，从狭义的角度理解，是指某类学校、某一专业培养人才的具体的质量规格和培养标准。任何教学模式总是为了完成特定的教学目标而创设的。教学目标在教学模式的构成因素中居于核心地位，是人才培养模式中最基本的要素，既受教育思想理念的指导，又是课程体系设置与培养过程选择的依据，是人们设计教学模式时处理结构、安排操作程序、选择策略方法的依据，对其他因素起着制约作用，是教学评价的标准和尺度。制定教学目标的主要依据有科学技术的发展、社会的发展和受教育者的身心发展状况。

(三) 操作程序

操作程序即课程体系。每一种教学模式都有其特定的逻辑步骤和操作程序，它规定了在教学活动中先做什么、后做什么，以及各步骤应当完成的具体任务。操作程序的实质在于处理教师、学生与教学手段的关系及其在时间顺序上的实施。它是相对稳定，而不是僵化不变的。课程体系及其教学内容是影响人才培养质量的重要因素，是人才培养模式的体现和落脚点，需要在紧扣培养目标和培养规格的前提下，用系统论的观点和方法进行优化设计。

(四) 师生角色

师生是构成教学模式重要的、能动的要素。任何教学活动都是师生之间的交往活动，这种交往的价值取向、方式和方法、互动与配合成为构成教学模式重要的、能动的要素。不同的教学模式、师生关系及角色特征有很大的差异。例如，教师对课堂教学的管理，可以是专制型（高度集中型）、民主型或放任型；学生的学习可以是被动型或主动型。这种差异是由教学模式的价值取向、要完成的教学任务的特征及选择的教学策略等因素决定的。

(五) 实现条件、手段与策略

实现条件、手段与策略是指促使教学模式发挥效力的各种条件（教师、学生、教学手段、时间、空间等）的最佳组合和最好方案，是人才的培养过程。策略是指为教师运用模式而简要提出的原则、方法和技巧，即操作要领。要想保证教学模式在执行时的可靠性，提出的要领就必须清晰、确切。保障教学模式的实现条件，可以更好地掌握和运用教学模式，顺利达到预期目的。教学模式是由一系列的教育教学活动和相应的条件构成的，理论教学与实践教学在时空上的不同组合，构成了不同的教学过程。

（六）评价

评价是指评价的方法、标准等。各个教学模式在目标、操作程序、策略方法上存在不同，因而评价的方法和标准也就不同。每种教学模式一般都有适合自身特点的评价方法和标准，但现阶段除少数的模式已初步形成了一套相应的评价方法和标准外，很多模式至今尚未形成自己独特的评价方法和标准，这也是今后教学模式探索中的一个重点和难点。

培养模式是一个系统，系统中各要素既有不同的功能和特点，又彼此制约、相互作用。培养目标规定了培养方向和培养层次，是教育教学活动的出发点和归宿，具有导向作用，是设计培养规格、培养过程和进行评价的依据。

三、教学模式的特点和功能

（一）教学模式的特点

1. 指向性

教学模式具有很强的指向性。任何一种教学模式都围绕着一定的教学目标设计，而且每种教学模式的有效运用也需要一定的条件，所以在一定的条件下达到特定目标的教学模式才是最有效的、最恰当的教学模式。如果离开了特定的教学目标和教学条件，就谈不上哪一种教学模式是最好的。同时，不存在对任何教学过程都适用的普适性的模式。因此，在教学过程中选择教学模式时必须注意不同教学模式的特点和性能，遵循教学模式的指向性。

2. 操作性

教学模式必须是一种具体的、可操作的教学思想或理论，它把某种教学理论或活动方式中最核心的可操作部分用简化的形式反映出来，为人们提供了一个比抽象的理论更具体的教学行为框架，便于理解、把握和运用。

3. 完整性

教学模式是教学现实和教学理论的协调统一，它有一套完整的结构和一系列的运行程序及要求，体现着理论上的无懈可击和过程上的有始有终。

4. 稳定性

一般情况下，教学模式并不涉及具体的学科内容，所提供的程序对教学起着普遍的参考作用，具有一定的稳定性。但是教学模式总是与一定历史时期相联系，受到教育方针和教育目的制约。因此，这种稳定性又是相对的。

5. 灵活性

教学模式的灵活性是指教学模式既要体现某种理论或思想，又要在具体的教学过程中进行操作，在运用的过程中必须考虑学科的特点、教学的内容、现有的教学条件和师生的具体情况，并进行细微的方法上的调整，如此才能体现对学科特点的主动适应。

（二）教学模式的功能

1. 中介功能

教学模式能为教学提供一定理论依据，使教学摆脱只凭经验和感觉在实践中从头摸索进行的状况，为教学搭建起一座理论与实践相联系的桥梁。教学模式是抽象理论得以发挥其实践功能的中间环节，也是教学理论得以具体指导教学，并在实践中运用的中介。

2. 示范引导功能

教学模式为教学理论运用于实践提供了较为完备、便于操作的“基本套路”，教师在运用这些“基本套路”时，可以根据具体教学条件或情境灵活调整，形成适合教学实际的“变式”，从而减少盲目摸索、尝试错误所浪费的时间和精力，这就是教学模式的示范引导功能。教学模式示范引导功能的发挥，对于青年教师尽快独立教学、学校教学工作规范化、正常教学秩序的建立等具有非常重要的意义。需要指出的是，教学模式的示范引导功能，旨在教给教师教学的“基本套路”，并不会限制或扼杀教师的个性和创造性。

3. 启发功能

教学模式一般由理论基础、教学目标、操作程序、实现条件、评价等要素组成，它能启发人们根据这些线索探索新的问题，如教学思想的渊源与发展线索、教学目标的分类与诠释、教学活动在时间与空间上的操作序列、师生角色的分配与活动的比重、评价的侧重点等。

四、教学模式的历史与发展

教学模式是教学活动的基本结构，每个教师在教学工作中都不由自主地按照一定的教学模式进行教学，而科学合理的教学模式离不开对传统教学模式的借鉴和对新兴教学模式的理解与运用。

（一）教学模式的演变

系统完整的教学模式是从近代教育学形成独立体系开始的，“教学模式”这一概念与理论在20世纪50年代以后才出现。不过在中外教学实践和教学思想中，很早就有了教学模式的雏形。

教学的典型模式就是传授式，其结构可以概括为“讲、听、读、记、练”。其优点是通俗化和直接性，能使深奥、抽象的课本知识变得具体形象、浅显通俗，同时避免了认识过程中的许多不必要的曲折和困难。其缺点是很容易固化成教师灌输知识、学生被动接受知识的模式，学生缺乏独立思考和探索，不仅对知识本身掌握不牢固，更难做到举一反三并加以迁移应用。

到了17世纪，随着学校教学中自然科学内容和直观教学法的引入，以及班级授课制度的实施，夸美纽斯（Comenius）提出应当把讲解、质疑、问答、练习统一于课堂教学中，并把观察等直观活动纳入教学活动体系之中，首次提出了以“感知—记忆—理解—判断”为程序结构的教学模式。

19世纪是一个科学实验兴旺繁荣的时期。赫尔巴特（Herbart）从“统觉论”出发，研究人的心理活动，认为学生在学习的过程中，只有当新经验已经构成心理观念中的概念且发生联系时，才能真正掌握知识。所以教师的任务就是选择正确的材料，以适当的方式提示学生，形成他们的学习背景。从这一理论出发，赫尔巴特提出了“明了—联合—系统—方法”的四阶段教学模式。接着他的学生莱因（Rhine）又将其改造为“预备—提示—联合—总结—应用”的五阶段教学模式。

以上这些教学模式存在一个共同的缺点，即学生的个性发展没有被全部解放出来。于是，随着资本主义大工业的发展，强调个性发展的思想普遍深入与流行，以赫尔巴特所提出的教学模式为代表的传统教学模式受到了挑战，应运而生的杜威（Dewey）的实用主义教育理论得到了社会的推崇。

杜威提出了以“做中学”为基础的实用主义教学模式。这一模式的基本程序是“创设情境—确定问题—占有资料—提出假设—检验假设”。这种教学模式打破了以往教学模式单一化的倾向，弥补了赫尔巴特教学模式的不足，强调学生的主体作用和活动教学，促进学生发现探索技能的培养，使学生获得探究问题和解决问题的能力。这一教学模式开辟了现代教学模式的新纪元。当然，实用主义教学模式也有其缺陷，它把教学过程和科学研究过程等同起来，贬低了教师在教学过程中的指导作用，片面强调直接经验的重要性，忽视知识的系统性学习，影响了教学质量。

20世纪50年代以来，随着新的科技革命的发展，现代心理学和思维科学对人脑活动机制的揭示，发生认识论对个体认识过程的概括，认知心理学对人脑接受和选择信息活动的研究，特别是系统论、控制论、信息加工理论等的产生，对教学实践产生了深刻的影响，也给教学模式提出了许多新的课题。

（二）教学模式的发展趋势

1. 从单一化向多样化发展

传统教学一直以教师课堂讲授为主，模式单一。新的科学技术革命使教学产生了很大的变化，新的教学思想、学习理论、技术手段不断涌现和发展，教学模式出现了“百花齐放、百家争鸣”的局面。教学模式已经从单一化发展过渡到多样化发展。

2. 由归纳向演绎发展

传统教学模式重视从实践探索中总结和归纳经验，以此推动教学理论和教学思想的发展，这种方式属于归纳型发展。科技的发展为教学提供了新的理论、技术和方法。这使得教学思想和理论可以在新的技术和方法上推演出新的教学模式，并在实践中不断验证其效用，呈现出演绎型的发展趋势。

3. 由重“教”向重“学”发展

传统教学模式都是从教师如何讲授知识这个角度出发来评价教学质量，而忽视了学生如何学好这个根本性问题。现代教学模式的发展趋势是重视教学活动中学生的主体性，重视学生对教学的参与度和学习成效，根据学生的学习特点合理设计“教”与“学”的活动。

4. 教育信息化

在当代教学模式的研究中，越来越重视引进现代科学技术的新理论和新成果。新的教学模式非常注重将计算机、多媒体、网络等信息技术运用到教学中，教学条件的科学含量越来越高。

五、教学模式的种类

由于教学实践依据的教学思想或理论不同，学习内容和目标也不同，教学实践活动的形式和过程必然不同，从而形成不同的教学模式。教学模式的分类方法很多，按教学系统结构关系的不同分为“以教师为中心”的教学模式、“以学生为中心”的教学模式和“教师为主导，学生为主体”的双中心教学模式；按教学组织形式的不同分为班级教学模式、小组教学模式和个别化教学模式；按教学目标的不同分为基于“做”的教学模式、基于思维的教学模式和基于事实的教学模式。

按学习理论依据的不同对教学模式进行分类，可将教学模式分为以下五类。

（一）行为修正模式

行为修正模式主要依据行为主义学习理论，强调环境刺激对学习者行为结果的影响。如斯金纳（Skinner）的操作性条件作用和强化理论、班杜拉（Bandura）的观察模仿学习和行为矫正理论等。其教学方法有程序教学、模拟、计算机操练与练习等，特别适用于知识技能训练。

（二）社会互动模式

社会互动模式主要依据社会互动理论，强调教师与学生、学生与学生的相互影响和社会联系。如班杜拉的社会学习理论、维果斯基（Lev Vygotsky）的文化历史发展理论等。其教学方法有合作学习、群体讨论、角色扮演、社会科学调查等，特别适用于培养学生的人际交往沟通能力。

（三）人格发展的个人模式

人格发展的个人模式主要依据个别化教学的理论与人本主义的教学思想，强调个人在教学中的主观能动性，坚持个别化教学。其教学方法有非指导性教学、启发式教学、求同存异讨论教学等，适用于学生的个性培养和求异思维的培养，有利于培养学生独立学习和解决问题的能力。

（四）信息加工模式

信息加工模式主要依据认知主义的信息加工理论，把教学看作一种创造性的信息加工过程。其教学方法有概念获得的探究方法、范例教学等，用于培养学生的逻辑思维和批判思维能力。

（五）建构主义模式

建构主义模式主要依据建构主义学习理论，强调学习者以自己的方式，通过别人的帮助建构对事物的理解。其教学方法有情境法、探索发现法、基于问题式学习法、小组研究法、合作学习法等，特别适用于“劣构”领域和高级知识的学习以及科学研究精神的培养。

六、现代信息环境下财务管理专业的教学模式设计观

近年来对教学模式的研究引起了国内教育界的重视，并开始进行现

代信息环境下的教学模式改革。

（一）现代课程观

传统课程观认为课程包括教材、教师、学生三个要素，强调教材的控制作用，课堂教学活动主要是教师将教材内容传授给学生，这一时期的课程观导致了教材几乎等同于课程并控制课程的普遍现象。财务管理课程亦不例外。现代课程观则认为课程是一个生态系统，其组成要素可概括为教学内容、教师、学生、教学环境四个要素。从教学内容来看，随着现代信息技术的发展和企业信息化的普及与不断升级，财务管理学科作为管理学的分支，其内容在不断扩大，并与其他学科不断地相互交叉融合。财务管理系统不再是财务管理信息“孤岛”，而是融于企业资源计划、供应链乃至需求链中集业务与财务一体化的会计信息系统。财务管理课程中的师生、教学内容与财务管理环境之间形成的是一种持续交互作用的动态过程。财务管理学科有很强的技术性与实践性特点，使得这一过程可以设计为充满挑战与活力的体验过程，师生在其中共同学习财务管理理论、探索财务管理实务，课程的各要素有机融合为一个生机盎然的教学系统。深化教学改革，不仅包括教材建设，还包括教学观念的改革，尤其是课程观的改革。现代课程观对教学模式的构建提供了理论与技术支持，同时也提供了对教学模式的一种评价标准。

（二）教学结构观

教学改革没有取得大突破的原因在于，教学改革只注重了教学内容、手段和方法的改革，而忽视了教学结构的改革。我们应探索一种既强调教师的主导作用，也强调有效激发学生的学习兴趣和学习欲望，从而形成学习动机的“主导—主体”教学结构。财务管理专业教学模式一般包含教育理念、人才培养目标、课堂教学与实践教学的操作程序、教学方法和教学手段，以及对教学模式的评价，这些部分有机地融于信息化环境下师生互动的教学活动中。通过教学活动，有效解决财务管理专业技能训练的问题，能够在知识传授与技能训练间形成良性的互动与互补，能够将财务管理专业素质培养与创新能力培养的要求有效融入到教学模式中。要实现这样的培养目标，需要与之适应的教学模式，需要对教学方法、教学手段进行创新和改革，如采用案例教学、信息分析、公司实习、角色扮演等方法。但是需要明确的是，教学方法和教学手段是教学结构中最底层的元素，对其进行改革可能不会触及教育理念和教学模式的改革。以优越性得到公认的案例教学为例，如果教学结构仍然是“以教师为中心”，那么即使用了这一教学方法，其教学结果可能还是既不能实时反映和实现财务管理与生俱来的量化属性，也不能让学生通过实践来获取财务管理经验，最终使案例教学流于形式，沦为新的“纸上谈兵”。

（三）信息技术与课程整合观

对于财务管理专业高等教育而言，信息技术与课程整合可分为三个阶段：计算机辅助教学阶段、基于信息技术的课程改革阶段和基于信息技术的全面教改阶段。财务管理学科教育目前正处于第一个阶段。在计算机辅助教学阶段，信息技术主要用于改变教学内容的传递方式。无论课件做得何等精美，多媒体教室设备如何先进，只要属于计算机辅助教学阶段，经过一段时间的应用后，必然会出现瓶颈，这是由其先天性缺陷所致。因为计算机辅助教学阶段隐含的假设是原来的教学模式是很好的，只是教学手段不够而已，技术只是用来帮助实现原有的教学模式及手段，未能触动教学理念和模式的变革。因此，财务管理专业教育当前的首要任务是进一步深化专业教学改革，不能再局限于教学方法和教学手段的改革，而是要触动教育理念、革新教学模式，这样的改革即是前述的信息技术与课程整合的第二阶段——基于信息技术的课程改革阶段。唯有如此，才能突破计算机辅助教学的瓶颈，以技术应用带动财务管理课程改革，最终进入整合的更高级阶段——基于信息技术的全面教改阶段。

第二节　混合学习教学模式

一、混合学习教学模式的基本内容

混合学习被认为是把在线学习与面对面学习的优势结合起来形成的

一种新的学习方式。混合学习蕴含巨大的潜力，是对传统教育进行根本性的设计，属于破坏性创新。

(一) 混合学习教学模式的定义

混合学习教学模式的主要特点在于混合不同学习环境，特别是传统的面对面教学环境和基于数字技术的教学环境的混合。

具体来讲，就是在正式教育中，学生的学习有一部分是通过在线学习和讲座来接收内容，且学生能自己控制时间、地点、路径和进度；还有一部分是在有监督和指导且不在家的实体地点进行。

(二) 混合学习教学模式的类型

混合学习并非一种单一的模式，不同的组织、学校或教师可能有自己对混合学习的理解和实践运用。一般认为混合学习主要有四种模式，即循环模式、弹性模式、自混合模式、增强虚拟模式。

1. 循环模式

循环模式，即对于某一给定的学科或课程，在固定的时间表内，学生在多种学习形式和活动（如在线学习、小组协作、集中授课、分组项目、个别辅导、书面作业）中循环的学习模式。根据学习场所和时间表，循环模式又分为以下四个子类。

(1) 就地循环模式。

就地循环模式，即各种学习形式和活动的场所在固定教室中的循环模式。例如，在每间教室装配了10～15台电脑，教师每天带领学生在教室中循环进行在线学习、小型讲座、小组协作和个别辅导等学习活动。

(2) 实验室循环模式。

实验室循环模式，即各种学习形式和活动的场所在校园内的教室和在线学习实验室之间循环的学习模式。例如，学生每天用75%的学习时间在各种教室参加面对面课程，另外25%的学习时间（大约2个小时）在装配有大量电脑的学习实验室进行实训操作和案例学习。

(3) 翻转课堂模式。

翻转课堂模式，即上课时间在教室参加与教师面对面的辅导，放学后回家进行在线学习的循环模式。例如，学生在放学后在线观看讲解财务管理的视频，回到学校后在教师的帮助下实践和应用所学。

（4）个别循环模式。

个别循环模式，即学习活动是在个别化定制时间表和固定课表之间，以及学习场所是在线学习中心实验室和教室之间的循环模式。个别循环模式是由系统或教师来设置学生的个别化时间表，与其他循环模式的区别是学生不需要参加所有地点或形式的学习。例如，每位学生按照自己特别的时间表，在学习中心的在线学习和各种线下学习活动之间循环，每个循环至少35分钟。

2. 弹性模式

弹性模式是一种内容和讲座主要通过互联网传递，学生学习基于个别化定制，各种学习形式流动安排，课程登记教师做现场支持的学习模式。面对面教师支持活动包括小型讲座、分组项目、个别辅导等。这是一个弹性和自适应的方式，有的可能需要大量面对面教学的支持，有的需求则较少。

3. 自混合模式

自混合模式就是学生选择一门或多门课程进行完全在线学习，以此作为对传统课程的补充，且教师通过在线给予支持的学习模式。学生既可以在学校又可以在校外进行在线学习。学生自主选择在线课程和学校传统面对面课程进行混合学习而并非学校统一运作，这是自混合模式与全职在线学习以及后面提到的增强虚拟模式的主要区别。例如，可以让学生自主选择学习一门或多门在线课程，课程是异步的，学生可以在一天中任何时候学习。学校可以创建“网络休息室”，让学生既可以在学校完成在线课程，又可以在其他地方完成在线课程。每个学生都可以通过在线方式寻求这门课程的教师单独指导，这些教师大部分也担任了学校的面对面课程。

4. 增强虚拟模式

增强虚拟模式是一种由学校统一运作，学生把在线学习和面对面学习时间完全分离开的一种模式。这类模式多发端于全职在线学习学校，然后通过给学生增加实体学校体验而发展起来的混合学习模式。它与翻转课堂的区别是学生每周很少参加实体学校的面对面课程。例如，可以让学生只在每门课程开始时在教室中与教师面对面，课程其余部分都通过在线学习方式完成。

混合学习的发展使其内涵也越来越广泛，主要包括混合在线与离线学习、混合自定步调与实时协作、混合结构化与非结构化的学习、混合学习实践和绩效支持、混合多种教学资源、混合多种环境、混合多种学生支持服务。混合学习过程更强调教师主导作用与学生主体地位的结合，其关键是对媒体的选择与组合。下面主要以翻转课堂教学模式为例来说明混合教学模式的基本程序。

二、混合学习教学模式的典型模式——翻转课堂教学模式

（一）翻转课堂的概念

所谓翻转课堂，就是教师为每天教学课程准备若干分钟（一般5～15分钟）的在线视频，学生在家中或课外观看视频中教师的讲解，然后回到课堂上与教师面对面交流讨论并完成作业或任务的一种教学模式。

需要强调的是，翻转课堂不是在线视频的代名词。翻转课堂除了教学视频外，还有面对面的互动时间，学生可以与同学和教师一起发生有意义的学习活动。翻转课堂不是学生孤立地学习，而是一种增加学生和教师之间的互动和个性化接触时间的手段，提供了让学生对自己学习负责的环境；是混合了直接讲解与建构主义的学习；是即使学生课堂缺席，也不会被甩在后面的课堂；是一种使课堂的内容得到永久存档，可用于复习或补课的教学方法；是所有的学生都积极学习的课堂；是让所有学生都能得到个性化教育的课堂。在翻转课堂中，教师是学生身边的“教练”，而不是讲台上的“圣人”。

（二）翻转课堂的实施

1. 制作教学视频

首先，应明确学生必须掌握的目标以及视频最终需要展现的教学内

容；其次，在制作教学视频的过程中应考虑学生的差异，使学习方法和学习习惯不同的学生都能有所收获。

2. 组织课堂活动

教师在课堂上需要组织高质量的学习活动。引导学生创建内容，通过探究式的活动提高学生独立解决问题的能力，让学生有机会在具体环境中应用所学内容。

（三）翻转课堂教学模式背后的学习理论

翻转课堂教学模式并非源自新的教育和学习理论，其采用的仍然是为广大教师所熟悉的掌握学习法。

掌握学习法由本杰明·布鲁姆（Benjamin Bloom）创立。布鲁姆认为，只要提供最佳的教学条件和足够的学习时间，绝大多数学生会掌握学习任务、获得良好成绩，实验结果也的确是这样。掌握学习就是学生按他们自己的节奏学习课程，当他们完成一个单元的学习时，他们必须证明已学到了的内容，采取的方式是“形成性测验”，包括实验室和书面测试。如果学生在这些测验中的得分低于85%，他们就必须重新学习并再次参加考试。

看似完美的教学模式，在实际运用中却不尽人意。原因在于群体教学模式还顽固地存在着，所以学生不可能按自己的时间和节奏进行学习，必须跟上班级群体的教学进度。

现行的教学策略采取群体教学与掌握学习结合的方式，并辅之以每个学生所需的频繁的反馈和个别化的矫正性帮助，反馈通常采取形成性检测的方式揭示学生在学习中存在的问题，再通过个别化辅导协助学生纠正错误，达成学习目标。

（四）翻转课堂教学模式的特点

1. 让学生自己掌控学习

翻转课堂教学模式是利用教学视频，让学生能根据自身情况来安排和控制自己的学习。学生在课外或回家观看教师录制的教学视频，使学生可以在轻松的氛围中进行；学生观看视频的节奏快慢由自己掌握，可以反复观看，也可以停下来仔细思考或记笔记，甚至还可以通过网络向教师或同学寻求帮助，从而按照自己的进度安排学习和完成与之匹配的作业。

2. 增加学习中的互动

翻转课堂最大的好处就是全面提升了课堂的互动，具体表现在教师和学生之间以及学生与学生之间的互动。

在翻转课堂中，教师的角色从教学内容的呈现者转变为学生学习的“教练”，这让教师有时间与学生交谈，解答学生的困惑，参与学习小组讨论。教师可以与学生进行一对一的交流，也可以把有相同疑惑的学生聚集在一起进行小型讲座或演示。显然，教师比以往任何时候都更有时间与学生互动。

与此同时，学生之间的互动也比以前多了。学生可以组建协作学习小组，彼此帮助，相互学习和借鉴，而不是把教师作为知识的唯一传播者。

翻转课堂无形中形成了一种学习文化，那就是学生不再把学习当作一种任务，而是一项满足自我需求且有意义的活动。

3. 教师更了解学生，更有机会和时间帮助学生

翻转课堂能为因各种原因不能正常上课的学生提供帮助和学习机会，其巨大的灵活性让学生可以自主安排学习时间——可以提前学习或事后补课，做到课程和活动两不误。而课堂上，教师的时间被释放，可辅导每一位有需求的学生，尤其是学习有困难的学生。

4. 教师与家长的交流更深入

翻转课堂改变了教师与家长的交流内容。传统教学中，家长关心最多的是自己孩子在课堂上的表现。而在翻转课堂中，家长关心的问题转变为孩子是否在学习。如果他们不学习，家长和教师可以更好地诊断学生不学习的原因，并共同创设一个适当的环境来实施必要的干预，或做些能帮助学生学习的事情。如何帮助学生成为更好的学习者，是家长和教师共同关注的深层问题。

（五）翻转课堂实施过程中需要的环境支撑

1. 学校作息时间安排

实施翻转课堂，学生需要在课后花费大量时间，因此需要学校在教

学时间安排上予以支持。教师不应占用学生大量的自主学习时间，应该给予其充分的时间观看教学视频并进行积极的自我思考。

2. 学科的适用性

为了适应财务管理专业特点，在开展翻转课堂时，教师需要注意提高教学视频的质量，通过教学视频概括课程中所讲授的基本知识点和相关理论，引导学生思考，让学生在课后查阅资料并在课堂中与教师、同学进行交流探讨，逐步深化理解。

3. 强化教学过程中信息技术的支撑

翻转课堂的实施需要信息技术的支持。从教师制作教学视频、学生在家观看教学视频到个性化与协作化学习环境的构建，这些都需要现代信息技术的支持。

网络速度较慢是当今制约众多学校开展网络教学的因素之一。在实施翻转课堂教学时，学校要通过各种途径解决这一问题，如配置高性能服务器、增大网络宽带的接入量等。学生在课后需要通过电脑和网络进行学习，对于一些缺乏硬件条件的学生，学校应该提供相应的设备支持，如学校机房应在课余时间仍对学生开放。

实施翻转课堂教学实验的学校需要给授课教师提供技术上的支持，并在制作授课视频过程中形成流程化的发布方式，为后续教学视频制作提供经验。

翻转课堂成功的关键在于师生、生生之间展开深入交流。利用信息技术为学生构建个性化与协作化的学习环境至关重要，这就需要教学平台的支持。教师可以根据自己对教学活动的设计选择不同的课程平台。

4. 教师专业能力的支持

翻转课堂的实施过程中，在教学视频的质量、学习时间的安排、课堂活动的组织以及模式的高效应用方面，教师的专业能力发挥着至关重要的作用。翻转课堂教学模式对教师的要求包括以下几个方面。

（1）要教会学生利用自由支配的时间。

给学生提供自由支配的时间，并不是说让他们爱干什么就干什么，放任自流会使学生养成无所事事、懒散疲沓的不良习气。要尽可能做到让有趣的、使学生感到惊奇的东西同时成为学生的智慧、情感和全面发展所需要的、必不可少的东西。

（2）要使知识“活起来”。

应努力做到使知识既是最终目的，又是获取新知识的手段或工具。使知识在学生的脑力劳动中、集体的精神生活中、学生之间的相互关系中“活”起来。

（3）让学生进行独立的思考，发展学生思维。

教师越是善于给学生的思维活动赋予一种解决任务的性质，那么他们的智慧力量就越加积极地投入这种活动，障碍和困难就暴露得越加明显，从而使脑力劳动成为一种克服困难的过程。再者，教师要善于将现在学习和即将学习的东西，变成学生乐于思考、分析和观察的对象。

第三节　理论与实践一体化教学模式

理论与实践一体化简称为理实一体化，即将教学的场所转移到实习单位或实际的工作场所，在同一时间和地点进行理论课程和实践课程的教学，抽象的理论和直观的实践相结合，理论和实践同时进行，互相渗透，理实一体。

一、理实一体化教学模式的内容

理实一体化教学模式把一系列教学任务（项目、情境等）有机地结合在一起，做到理论与实践有机结合，利用现有工作进行一体化的组合，做到教师的知识传授与学生的动手实训一体化，课堂理论教学与实训基地教学一体化，知识与能力要求一体化，最终做到理论教学与实践教学一体化，真正融知识灌输、能力训练、素质提升为一体。这种教学模式能做到理论与实践在时间、空间上的统一，认识过程同步，认识形式交错。

（一）理实一体化教学模式理论基础

理实一体化教学模式是高等教育中比较常见的教学模式。该模式打破理论课、实验课和实训课等课程的学科界限，把相关知识按学习任务进行了集中，将课程的理论教学、实践教学、生产与技术服务融于一体。“在干中学，在学中干”，解决了理论教学的枯燥无味、死板难学、交叉重复等问题，解决了实习教学的与理论脱节、随意性大等问题。以小的工作任务为起点，逐层渗透，逐步加大难度，最终，学生可以形成熟练运用所学岗位知识的能力。

（二）理实一体化教学模式实施条件

1. 师资队伍建设

实施理实一体化教学，任课教师应具有扎实的专业理论功底、熟练的实践技能和有关理实结合的教材分析及过程组合的能力。教师既是传统意义上的双师型人才，也要具有创新综合能力，如此才能有效控制教学过程，做到有求必应、有问必答、融会贯通，使教学工作顺利展开。教师可根据高等教育理实一体化教学凸显形象思维教学的特点，结合生产教学实际，对原版教材按任务教学的要求进行必要的舍弃，抛弃那些烦琐冗长的理论和计算，编写出贴近学生实际、浅显易懂、简洁明了、易于让学生操作的教材。

2. 教学环境建设

在传统学科课程体系中有多种独立的教学场所，每个教学场所只具备单一功能，学生在各种教学场所中“赶场”，无法实现理论和实践的结合。理实一体化教学模式的学习地点，不需要再明确划分理论学习和实践学习，而是合二为一。例如，该教学模式可以进行如下安排：

第一，学生按小组就座，既可以单独完成学习任务，又可以按照小组作业形式共同完成学习任务。

第二，学生不一定在同一时间里做同样的事情，可根据自己的情况决定学习进度。

第三，学生可以和教师一样在教室里活动，具有更多的活动空间。

第四，教师的高度集权被打破，师生之间具有更为融洽的伙伴式关系，可以最大限度地调动学生的积极性。

教学环境可以划分为理论教学区、小组工作讨论区、资料查询区、实验区和实操区等。理论教学区的配置同现有的多媒体教室大体相同，可以对全班进行理论课的授课。不同的是增加了移动式视频摄录设备，教师可以将演示实验投影到银幕上；小组工作讨论区可以相对分隔，也可以围绕某一实验台就座，形成相对独立的讨论小组，共同完成项目方案的讨论和制定；资料查询区应配备连接互联网的通用计算机，同时该区域还应配备常用手册、图册、计算工具、作图工具等传统的陈列柜；对于实验区和实操区，考虑到资金因素，要求至少每个小组分配一个操作实验台。

（三）理实一体化教学模式的特点

理实一体化教学模式弥补了传统教学模式中的理论与实践相脱节的缺陷，教学中的各个环节相对集中；强调充分发挥教师的主导作用，通过设定教学任务和教学目标，边教、边学、边做，全程构建素质和技能培养框架，丰富课堂教学和实践教学环节，提高教学质量；在整个教学环节中，理论和实践交替进行，直观和抽象交错出现，没有固定的先实后理或先理后实，而是理中有实，实中有理；突出对学生动手能力和专业技能的培养，是充分调动和激发学生学习兴趣的一种教学模式。

理实一体化教学模式的特点，是将教、学、做相互穿插于教学的整个过程，学生不断地在学与做中总结经验，教师在整个过程中不断地讲解、演示与指导，最终达到预期的教学效果。具体步骤是：首先，教师通过口头语言向学生描绘情境、叙述事实、解释概念、论证原理和阐明规律；其次，教师以具体操作或多媒体示范内容为范例，使学生了解所学操作的形象、结构和要领，同时运用错误操作的演示来帮助学生了解操作中可能产生的问题，改进技术操作方式。教授的操作演示要做到灵活简便、真实感强、调节度高、针对性强、运用范围广、直观效果好；再次，由学生动手操作，完成学习的任务及学习目标，教师在旁观看与指导，当发现问题时，可以由学生演示操作再由教师演示操作，让学生从教师的示范性操作中，总结出现各种问题的原因，掌握正确的操作步骤和方法；最后，再由学生自己独立完成操作，这样他们就能很好地掌握相关的教学内容。

理实一体化教学模式使理论教学与实践教学交互进行，融为一体。一方面，提高理论教师的实践能力和实训教师的理论水平，培养一支高素质的师资队伍。另一方面，教师将理论知识融于实践教学中，让学生在学中干、在干中学，在学练中理解理论知识、掌握技能。这种方式可大大激发学生学习的热情，增强学生的学习兴趣，学生边学边练、积极总结，能达到事半功倍的教学效果。

二、理实一体化教学模式的典型模式——行动导向教学模式

行动导向教学模式是从激发学生的学习兴趣入手，合理地引导学生自主学习，运用行动导向的教学方法，使学生真正地参与到学习中来，从而训练出具有专业的综合性实践能力的技能型人才的教学模式，是较为典型的理实一体化教学模式。

（一）教学目标

行动导向教学的目标是提高学生的综合实践能力，即培养学生胜任社会生产、服务管理等某一职业岗位所需的综合实践能力。这具体包括以下几种能力：

第一，专业能力。专业能力是指从事专业工作所必需的技能与相应的知识，是学生毕业后胜任专业工作的能力和走向社会赖以生存的本领。

第二，方法能力。方法能力是指掌握从事职业工作所需要的工作方法和学习方法，包括制订工作计划、协调计划以及对自己的工作成果进行评价，在工作中努力学习新知识并具有技术创新的能力。

第三，社会能力。社会能力主要是指一个人的团队协作能力、人际交往和善于沟通的能力。在工作中能够协同他人共同完成工作，对他人公正宽容，具有准确裁定事物的判断力和自律能力等，这是岗位胜任和在工作中开拓进取的重要条件。

在一堂课的教学中，要实现对学生综合实践能力的培养，其教学内

容必须是理论与实践一体化。综合实践能力应是通过相互融合和相互渗透培养出来的，各种能力不能在彼此割裂的状态下独自培养。因此，教师在采用行动导向教学时，要围绕综合实践能力的构成制定教学目标，不仅要清楚地描述专业知识和专业技能方面的目标，通过行动导向开展教学，还要明确地指出学生的哪些关键能力需要锻炼和提高。

在行动导向教学模式的实施过程中，教师对教学目标的追求，不是把现成的知识、技能传递给学生，而是让学生在教师的指导下寻找实现这个目标的途径，最终通过自身的努力取得理想的结果。在此学习过程中，需要着重培养学生的专业能力、方法能力和社会能力。这三个维度的能力彼此联系、相互作用，共同构建学生全方位的综合实践能力。

（二）教学特点

行动导向教学模式是以“行动导向驱动”为主要形式，在教学过程中充分发挥学生的主体作用和教师的主导作用，注重对学生分析问题、解决问题能力的培养，从完成某一方面的“任务”（或项目）着手，通过引导学生完成“任务”，从而实现教学目标。从学生接受知识的过程看，知识来源于实践，在实践中得到感性认识，经过反复实践才能上升到理性认识，并回到实践中去。行动导向教学模式要求教师在教学中要把大任务分解成小任务，分层次地给学生下达行动导向任务。如果教师下达给学生的行动导向任务过于容易，学生会认为没有挑战性，从而失去兴趣；如果教师下达给学生的行动导向任务太难，学生又会产生自卑心理，从而失去学习的信心。因而教师应在实际的课堂教学中，根据学生的实际情况，分配不同层次的行动导向任务，让不同学习情况的学生都能尝到成功的喜悦。行动导向教学模式的特点是强调师生的互动，在教学中不断地给学生下达适合学生的行动导向任务，使学生在感受成功的同时获得知识。教师的行动导向任务应根据学生的不同而灵活掌控，做到难易适中。行动导向教学模式，能让学生即学即用，激发和培养学生的学习兴趣。采用行动导向教学模式，可以变抽象为具体，变枯燥为有趣，让学生乐于去操作、掌握。当学生完成了某一项任务后，内心就会产生一种成就感、一种喜悦感、一种冲击力，这种力量不仅增强了学生的自信心，还提高了学生学习知识和技能的兴趣。

行动导向教学模式将“任务”贯穿始终，让学生在讨论任务、分析任务、操作完成任务的过程中顺利建构起知识结构，因材施教，突出培养学生的实践能力和创新能力。

（三）教学评价

行动导向教学评价应既关注行为产品的质量，也关注学生在行动过程中的具体行为表现和学生综合实践能力的培养与提高。因此，行动导向教学的教学评价方式和主体应该是多元化的，评价内容和过程应该是开放的和动态的，应该采取过程性评价与总结性评价相结合、质性评价与量性评价相结合的方法。评价主体有教师、同学、学生本人和企业人员；评价内容应既包括学生平时的行为表现、行为态度、行为产品的质量以及在行动过程中发生的变化，也包括学生在考核时的行为表现和精神状态以及考核结果的质量。

在设计行动导向教学的教学评价方式时，应该注意以下几点：

第一，对行动产品质量的测评要有可供参考的细化指标，包括量性评价和质性评价。

第二，学生参与评价标准的制定。

第三，对学生平时的行为表现、行为态度及行为变化过程的评价指标应该是开放的和动态的，即以过程性评价为主。

第四，教学评价的过程是信息反馈的过程，也是相互学习的过程，对教师和学生都具有督促作用。评价应在师生平等和谐的气氛中进行，不该给教师和学生带来负担。

（四）保障条件

1. 教学资源

行动导向教学以建构主义的学习原则为基础，教师不再只是知识与技能的传授者，更多的是作为教学的咨询者和课堂教学的主持者。教学重心从传统的教师的“教”转向了学生的“学”，教育为学习服务。在课程开发过程中，要按照行动导向教学观，以培养学生的综合实践能力为课程目标，依据职业工作过程构建新型高等教育课程体系，以工作过程的各个环节设计课程内容，以工作过程为主线序化课程内容，理论与实践结合，保障行动导向教学模式的构建。

2. 师资队伍

教师作为课堂教学实施的引导者，直接决定了课堂教学质量。高等教育的目标是培养学生的职业行动能力，让学生在“行动”中学习，为了“行动”而学习。因此，行动导向教学要求教师必须能够“行动”，需要教师具有相当的企业实际工作经历，熟悉企业工作环境和工作内容，在实施课堂教学时，不仅能结合行业和企业的岗位实际设计学习任务，还能以规范和娴熟的技能指导学生完成工作任务、获得实践能力。

第六章

大数据背景下财务管理专业实践教学体系构建

第一节　财务管理专业实践教学体系的构成

一、现行财务管理专业实践教学体系的构成

财务管理是一门实践性很强的学科，财务管理基本技能在培养体系中占有非常重要的地位。财务管理基本技能的培养是在理论教学的前提下主要依靠实践教学来完成的，所以实践教学和技能培养是一致的，实践教学的主要目的就是培养基本技能。实践教学还有对理论教学的验证和深化理解的功能。

各类高校设置的财务管理实践教学体系一般包括以下几个部分。

（一）独立实验课程——集中实践

高校财务管理专业一般会开设《财务管理模拟实捡》《审计模拟实验》等独立的实验课程，往往采取集中实践教学的方式，开设周数长达3～4周。这种典型的实践教学方式往往容易受到学生的喜爱，一方面，学生有了将所学理论运用到实践中去的机会和平台，使感性认识达到相对“高峰值”；另一方面，学生在开展模拟实验时可以与同学相互合作，一起学习、交流、切磋和进步。因此，高校大多比较重视这种集中开设的独立实验课程，将其作为主要的实践教学环节。

（二）专项实践

专项实践又叫做内涵式课程实验，是指将一门课程划分为理论和实践两个部分进行讲授。具体来说，是将课程的总学时拆成两个部分，一部分是理论学时，另一部分是实验学时。比如，在讲授“财务管理基础”课程的过程中，总学时设为64学时，在教学活动的实施过程中安排48学时讲授账户、复式记账及运用、凭证、账簿、财务管理报表等理论内容，安排16学时让学生进行填制与审核凭证、登记账簿、编制财务管理报表等专项实践活动。当然，在时间方面也可采取“灵活制”原则，可以根据教学互动的需要将内涵式课程实验安排在某章节理论内

容讲授完毕之时，也可安排在全部理论内容结束之后。

（三）仿真操作

仿真操作常被运用在财务管理专业理论课程的教学中，其也是实践教学形式的一种。这种教学形式有利于学生在接触专业理论知识的同时，通过感性认识更好地理解和掌握理论知识。例如，在讲授《审计学》理论课程的审计工作底稿这一部分内容时，可组织学生使用一份实际工作中真实的审计工作底稿进行仿真操作，即由学生采取模拟实践的方式亲自进行填写，以引起学生对审计工作底稿理论内容与实践操作的学习兴趣，使他们在填制真实的审计工作底稿的过程中，加深对审计工作底稿基本要素、编制要求、复合点等内容的认识和理解。采用仿真操作的方式不仅可以使学生更形象、更深入地领会审计的基本概念、基本理论和方法，还能够有效提升学生动手、操作、独立解决问题的能力。

（四）直接实践

假期实践和毕业实习作为直接实践的方式在高校财务管理专业的教学计划中大多会有安排。这两种实践形式作为传统的实践教学形式既有共同点又有不同点。二者的共同点是学生将直接接触社会、面对实践工作，走出“象牙塔”，逐渐向“社会人”发展；不同点是假期实践一般情况下是在本科前三年假期开设的，如无特殊安排，一般来说这种实践形式尚不具备在内容上结合较深财务管理专业程度的条件，而毕业实习则是一种综合性很强的专业实习，也是毕业上岗之前的必要训练和经历。

（五）综合实践

综合实践一般指论文的写作。在若干财务管理实践教学的形式中，论文的写作对财务管理专业的学生来说并不陌生。在本科学习阶段，学生往往需要完成教师布置的课程论文，且在毕业之前还需要运用所学专业理论知识，结合实践调查完成一篇毕业论文。本科毕业论文对毕业生分析问题和解决问题能力的培养有十分重要的意义。能够完成一篇主题明确、文献全面、观点创新、论据充分、论证合理的本科毕业论文不是一件容易的事情，学生在毕业论文的撰写过程中能够学习如何通过广泛查阅资料确定专业选题，如何将经典和最新的文献处理清晰。同时，在这一过程中，学生需要搜集和获取数据、案例等与实践活动紧密结合的论据来佐证其提出的新颖观点，这是一项综合的实践训练。

二、财务管理专业实践教学体系的构建原则

高校学生进行实践学习的重要场所是校园的实训基地和企业的实训基地，校园实训基地是模拟的实训环境，所以在建设时要尽量贴近真实的行业工作环境，模拟企业的职工交往方式，营造专业的工作氛围，借此来培养学生的专业意识和职业素养，所以校园实训基地设施要想满足学生的专业实践需求，需要具备一定的针对性、可操作性以及实践性。

（一）前瞻性原则

随着经济的迅速发展和技术更新迭代周期的缩短，社会对人才的需求和用人单位对应聘者的标准也在不断提高，因此实践教学体系应具有前瞻性。前瞻性是指以应用型本科院校培养应用型人才的现状为起点追踪未来，明确应用型本科院校培养人才的目标，对应用型人才的就业进行预测，从而更好地设置实践教学内容。同时，应用型本科院校培养人才与用人单位用人之间具有一定的时间跨度，这就要求应用型本科院校要不断地更新实践教学体系，使学生适应社会发展。所以应用型本科院校必须加深对社会发展的认识，加强与企业的合作，紧跟技术发展趋势，不断完善专业设置，根据现实情况完善课程内容，适时增设新内容，淘汰落后的过时内容，聘请企业一线的专家为讲师，注重学生终身学习意识的培养。

（二）目标性原则

实践教学是高校培养应用型人才过程中的重要环节，应用型本科院校必须充分认识到实践教学应处于应用型本科教育内涵的核心地位。人才培养方案中应该清晰地提出实践教学的目标，要将实践教学目标和人才培养规格具体细化。依据岗位能力要求来设计实践教学模块，让学生

在实践教学过程中不仅仅获得基本的职业技能，更重要的是提升学生的综合能力和培养创新能力。

（三）独立性原则

应用型本科院校的办学特点决定了其实践教学具有相对独立性。在应用型本科教育中实践教学和理论教学属于不同的教学类型，应用型本科院校应该改变以往把实践教学看成理论教学附属地位的观念，要树立实践教学与理论教学处于同等重要地位的观念。要在实践教学内容、实践教学方法、实践教学考核等环节有区别于理论教学的环节，应该以学生实践能力培养为中心，形成一套独立的实践教学体系。

（四）系统性原则

实践教学各个环节之间应该是相互联系的，在设计实践教学环节时要保证各个环节之间的连续性，使每一个环节紧密联系起来。应用型本科院校要按照实践教学目标、实践教学内容、实践教学管理、实践教学保障和实践教学评价等方面的要求去优化实践教学体系，并明确它们之间的内在联系，让它们之间相互联系并运用于实践教学的每一个环节之中。

（五）实用性原则

应用型本科院校的人才培养目标决定了其实践教学过程中要重点突出实用性，高校必须抓住劳动力市场对应用型人才的需求导向，培养适应社会经济发展所需要的应用型人才。因此，学校应该与企业联合为学生创造实践平台，让学生能够参与到企业的实际生产中，这样不仅可以培养学生的实践操作能力，还可以让学生掌握解决实际生产中问题的实用性能力。

（六）规范性原则

实践教学环节的实施规范与否直接决定着实践教学是否能够达到预设的功能目标。因此，应用型本科院校在构建实践教学体系的过程中，应结合自身的实际制定相关规章制度来规范实践教学管理、实践教学评价和实践教学保障等环节，确保实践教学的各个环节规范有序的开展，以保证实践教学效果的实现以及学生实践能力和创新能力的培养。

第二节　多元智能理论对高校财务管理教学的启示

一、多元智能理论的背景及概念

20世纪80年代，世界著名教育心理学家霍华德·加德纳（Howard Gardner）提出多元智能理论。多元智能理论指出，智能是在特定的社会与文化环境的价值标准下，行为个体用来解决自身遇到的真正难题或是生产与创造出有效产品需要的能力。支撑多元智能理论的是个体身上所具有且独立存在的、与特定知识领域与认知领域相关联的八种智能，包括语言智能、数理智能、动觉智能、交流智能、节奏智能、空间智能、自省智能与自然观察智能。依据加德纳的多元智能理论，每个人都同时拥有独立的八种智能，但这八种独立的智能在现实生活中并非绝对孤立和毫不相干，而是通过不同程度、不同方式进行有机结合。正是由于这八种智能在每个人身上不同程度、不同方式的组合，才使得每个人的智能各具特点。

在多元智能理论看来，个体智能在发展过程中受到自然环境、社会环境及教育条件等环境的影响和制约，其发展方向及程度会由于环境及教育条件的不同而表现出各种差异。虽然人们自身都拥有八种智能，但不同的环境与教育条件使人们智能的发展方向与程度有着明显的区别。高校财务管理的教育核心是提高教学的效率和质量，并把培养管理人才的学习、实践、交流、创新及社会适应能力作为主要目标。从多元智能理论上看，当前多数高校学生的语言交流能力与数理逻辑分析能力都较为薄弱，这主要是因为高校的教学方法、课程安排及评价体系存在一些问题。将多元智能理论应用到高校财务管理教学中，能够从不同方面发挥学生的优点与长处，培养出具有特色的专业人才。

二、高校财务管理教学中应用多元智能理论的意义

随着经济社会的不断发展，教育也在不断的深化改革，我国的教育者们逐渐将研究的重心放到了高校教育中，随着财务领域对管理人才的需求越来越大，高校财务管理专业的热度逐年上升。正是由于社会的不断发展和进步，整个社会，乃至整个市场都对财务管理人才的质量提出了更高的要求。在所有财务类的专业之中，财务管理专业的基础性与实践性都非常的重要，除此之外，财务管理专业的教学目标也更加的综合具体。财务管理者大多数担任企业的财务总监或者财务经理，通过对企业的财务信息进行分析，参与企业的投资决策，及时为企业管理者提出相关的建议，以便于企业可以长期的可持续经营发展下去。

将多元智能理论应用于高校财务管理教学具有非常积极的意义。作为一名财务人员，首先要具备理智、认真、细心的性格，还要拥有较强的团队协作意识，因此，在高等院校中，要对财务管理专业的学生进行个性特点的培养。此外，财务管理人员的人际交往能力也是智能的体现。为了可以与企业的团队进行良好的配合与协作，并且可以及时地与团队的同事进行沟通交流以及传播相关的财务理念，财务管理人员必须具备一定的人际交往能力。综合以上两点来看，将多元智能理论应用于高校财务管理中具有非常积极的意义。总而言之，在高校财务管理教学中，只有将多元智能理论进行良好的运用，才能培养出适合企业发展和顺应社会潮流的财务管理人才。

三、多元智能理论在高校财务管理教学中的应用策略

（一）课程目标多样化

高校财务管理教学中应用多元智能理论的方式有很多，最主要的一点是确保课程目标多样化。只有制定了相应的课程目标，财务管理的课堂教学才会向目标而努力。因此，教师应依据财务管理在社会中的实际工作需要来设定相应的教学目标，在教学目标中，不仅要包含学生对财

务管理工作知识和能力的掌握，也要包含学生情感态度的培养。从情感态度角度说，教学目标分为自我认知、人际关系、自然观察三个部分，这三个部分都是多元智能理论中提到的。因此，教师在财务管理的课堂教学中，要从学生智能差异的角度出发，通过设计多种多样的教学方法与教学活动，加大情感态度方面的培养力度，从而让学生在掌握财务管理的知识与技能的基础上，培养情感态度。例如，教师应在财务智能方面，对学生数理逻辑智能与语言文字智能进行培养。教师在进行语言文字表达的教学中，采取案例教学方法，通过优质案例的展示，教会学生制订标准的财务计划，包括实际工作中需要的资本预算报告与全面预算报告等多种报告；又如，教师在培养学生的情感态度方面，带领学生学习财务管理的意义，通过多媒体教学方法，使得学生了解财务管理中诚信的重要性与信息的标准化。

（二）教学内容统一化

通过多元智能理论的指导，可以明确了解到培养人才不能只进行单一学科的知识技能培训，应打破这种单一的学习范围。通过多元智能理论的应用，高校财务管理学科在教学中要基于社会实践，对财务管理课程的全部内容进行系统化、综合化的有机整合。传统的财务管理教材通常是依据学科种类来划分的，这使得课堂教学在内容的设置上呈现出两个缺陷：一是财务管理教材内容在设计上不能满足当今社会对于财务管理人才的需求；二是教材内容是单一学科，具有很强的局限性。因此，教师在进行财务管理教学设计时，要认清这些缺点和弊端，对课堂教学内容进行跨学科的内容整合。例如，将财务管理教材分为多个大项目和实训项目，并使每个教学项目都包含统一化的课程内容。

（三）教学方法创新化

无论多元智能理论的指导作用有多强，都应结合有效的教学手段与教学方法才能发挥更好的作用。对高校财务管理教学来说，要想实现多元智能理论的有效应用，需要对教学手段与教学方法加以创新，打破传统教学模式的束缚。

例如，依据多元智能理论，教师可以采取实训教学法、案例教学法等，这对帮助学生提高财务管理实践能力具有重要作用。另外，教师在创新财务管理教学方法的过程中，应将培养重点放在实际工作能力上，帮助学生多元智能协同发展。主要从以下几点入手：首先，引导学生进行财务管理课程的自主预习，充足的准备和预习能够让学生树立学习信心；其次，在财务管理的课堂教学中应将学生作为教学主体，教师发挥教学辅助作用；最后，加强学生总结能力的训练，为学生日后的财务管理实际工作奠定良好的基础。

多元智能理论的应用，对于提高高校财务管理教学水平，推进高校教育的发展具有重要意义。教师应结合学生特有的智能情况，注重学生实践能力和情感态度方面的培养，设计多样化的教学目标，统一教学内容，创新教学方法，从而培养出符合社会需要的财务管理专业人才。

（四）教学评价多元化

多元智能理论的意义，并不仅仅在于它提出了一种对于智能的新的解释，更重大的意义在于为我们提供了一种个人发展的模式，从而使我们能够从一个全新的角度来理解学生的发展，展开对学生的评价。根据多元智能理论，我们应该摈弃以标准的智力测验和学生学科成绩考核为重点的评价观，树立多元的评价观。多元智能理论所主张的教育评价是通过多种渠道、采取多种形式、在多种不同的实际生活和学习情境下进行的，是对学生解决实际问题的能力和创造初步的精神产品及物质产品的能力的评价。

第七章

大数据背景下财务管理课程教学的改革

第一节　产教融合背景下财务管理课程教学改革

如何提升高校财务管理教学的质量，实现产教融合的教学模式，培养与之相适应的应用型财务技术人才，已成为高校人才培养普遍关注的问题。产教融合、校企合作是职业教育的基本办学模式，是办好职业教育的关键所在。支持企业需求融入人才培养，由人才“供给—需求”单向链条转向“供给—需求—供给”闭环反馈，促进企业需求和教育供给要素全方位融合成为职业教育发展的主流。

一、高校实现产教融合教学的意义

企业要求财务人员要有良好的职业道德，具备过硬的专业技能、风险管理意识、分析解决问题的能力。高校财务管理专业的改革应以服务区域经济发展为目的，从用人单位对财务人员各方面的要求入手，对培养符合社会需要的专业人才问题进行深层次研究。高校财务管理课程教学改革，对培养与企业需求相适应的财务人员，提升财务管理人才培养质量具有重要意义。

二、提升高校财务管理课程产教融合教学的建议

（一）提高对财务管理实务课程的重视程度

随着科技、经济的不断发展，大数据时代已经到来，学校应优化人才培养方案，明确人才培养目标，实现产教融合，为企业培养更多的高质量人才。首先，在课程安排上，应体现出财务管理实务课程的重要性，增加实训课程课时。其次，要根据当前企业对财务工作人员的要求，对接企业财务管理岗位，让学生了解到当前企业财务管理的工作内容不再是简单的核算，而是要具备财务管理和财务分析的能力，提高学生对财务管理实务课程的重视程度。

（二）加强双师型师资队伍建设

财务管理实务课程对教师的专业理论知识和实践能力都有较高的要求，要求教师在具备较好的教学能力外，还要具备一定的财务管理实践工作经验。首先，学校需要加大与企业财务部门的联系，把企业的需求与学校人才培养方案进行融合；此外，学校还可以聘请企业财务人员来学校以培训的形式让学生了解当前企业需要什么样的财务人员。其次，教师也应该深入企业，了解企业当前财务人员具体岗位的工作内容，每年寒暑假下企业进行实践，增加实践经验。通过学校和教师双方的配合，切实实施“引进来”和“走出去”的双师型师资队伍建设方案。

（三）教学方式多样化，激发学生的学习兴趣

高校财务管理实务课程是一门实践性和理论性都比较强的课程。首先，教师在讲解理论知识时可以利用讲授法和案例分析的方法，让学生掌握财务管理的基础知识以及相关决策指标的计算。其次，教师要结合实际，以财务管理岗位工作任务为引领，以具体岗位工作内容为导向，采用多元化的教学方法，让学生主动参与到学习中来，提升学生的学习兴趣。

（四）建立校内外实践基地，实现产教融合教学模式

高校需深入校企合作，与企业共建实训基地。通过与企业以及财务实训平台公司共同建立会计岗位仿真实训室，让学生进行仿真实训，以此了解企业财务岗位的工作任务、工作流程，了解财务管理工作内容的逻辑关系。通过与财务咨询公司的校企合作建立云财务共享中心，让学生接触到企业真实的经济业务，了解企业真实的资金筹集、资金投入、资金营运、资金分配的过程，掌握企业对财务管理人员工作的需求，从而为学生后续职业发展奠定一定的基础。

第二节　基于多学科交叉融合的财务管理课程教学改革

课程是高等院校实现人才培养目标的重要载体，课程建设质量是教学质量的核心体现。深化课程改革，打造高水平课程，既是教育部“质量工程”建设的核心内容，也是高校提高人才培养质量的保证。随着互联网、云计算、大数据、物联网、区块链、移动互联、人工智能等新技术在财务管理领域的不断渗透，金融市场变革和金融工具创新速度之快前所未有，财务理论和实践也随之进行持续变革与重构，未来的财务管理人才将是德才兼备、实践创新能力强的具有跨学科知识的复合型高素质人才。

一、与思政课程深度融合，夯实学生践行社会主义核心价值观的思想基础

长期以来，在专业课程教学中，普遍认为思政教育与学科基础课或专业课程关联不大，甚至有的教师认为这是思政课程的教学目标，与自己无关。通过多年的教育实践，我们逐步认识到，思政教育仅仅依赖思政课程是远远不够的，每门课程的任课教师都要共同担负育人使命与重任，专业课教师必须坚持知识传授与价值引领相统一。财务管理课程内容蕴含丰富的课程思政元素，因此，其更应发挥课堂教学在思政教育中的主阵地作用，注重课程思政，坚持与思政课程同向同行，落实“立德树人”“推进社会主义核心价值观教育”等育人思想，以思政为引领主动培养德才兼备的高素质人才。

财务管理课程主要围绕企业的资金运动过程，培养学生发现、分析和解决企业在资金筹集、使用和分配等财务活动及财务关系管理中的复杂问题的职业素养和综合能力。企业融资、投资、营运资本管理和利润

分配等任何一项财务活动及其与投资人、债权人、政府、供应商、客户和职工等利益相关者的财务关系都是其战略和经营决策落地的体现，彰显着企业及其财会等员工的商业伦理、职业道德观念和社会责任的履行，不仅影响企业价值，还涉及社会、环境及各利益相关者的利益，影响社会财富积累和社会进步，影响金融市场及社会经济秩序的正常运行。财务管理课程所承载的专业知识和技能，都是在具体的社会政治经济环境中开展的，专业素养和品格更加体现为社会性和价值性的统一，最终要服务于国家和社会发展的需求。尽管财务管理课程本身蕴含着丰富的思政教育元素，具有与思政教育的高度统一性，但是这并不意味可以随意将思政教育生硬地植入专业教学内容当中，否则会破坏专业知识体系的完整性和系统性。因此，教师需要根据育人目标，深入挖掘课程蕴含的思政元素，精准把握专业教学与思政教育的有机融合点，找准平衡点，实现专业教学与课程思政教育的双赢。这就要求教师将思政教育内化为课程内容，发掘专业知识体系中切实契合的思政元素。比如，在理论教学环节，将组织财务活动与爱国主义教育相融合、财务目标定位及财务关系的处理与商业伦理相融合、投资决策与经济社会可持续发展相融合、融资管理及营运资金管理与法治及诚信等职业道德教育相融合，并通过融入课程思政的案例以及师生互动环节，结合现实说教、价值引领、以智育德，实现知识教育、能力培养、价值观提升的有机结合；引导学生树立正确的世界观、人生观和价值观，树立“立大志、明大德、成大才、担大任”的远大抱负，培养学生的爱国情操和高度的社会责任感；将学生的职业发展与企业、环境、社会以及国家建设等紧密结合，在提升学生财务管理理论和实务显性专业水平的同时，将课程思政的隐形教育融合到专业内容当中，夯实学生践行社会主义核心价值观的思想基础，以实现立德树人与专业人才培养深度结合的目标。在实践应用教学中，通过指导学生专业实习、实训与大学生创新创业及专业技能竞赛，使学生体验实践与理论的差异，反思自身理论学习成效的同时也反思自身的思想观念和道德行为规范。教师结合学生实践活动行为及其结果，以及自身及企业导师的言传身教，给予学生切实而诚恳的思政指导，从而使学生在应用专业知识和技能解决复杂实际问题的过程中，深刻理解以积极、诚信、客观公正的职业态度和法治观念对待投融资决策、日常的营运资金管理和处理财务关系是净化理财和营商环境、保持廉洁自律的不二法门，认识到为企业和社会创造财富是时代赋予管理者的责任，也是实业报国、为社会做贡献的具体体现。同时还应培养学生的事业心和敬畏法规、爱岗敬业、勇于奉献、客观公正、诚实守信的职业精神，并增强其荣誉感、使命感和自信心。

二、与信息技术深度融合，强化学生应用信息技术解决实际问题的能力

随着第四次工业革命的到来，大数据、人工智能、移动互联、云计算、物联网、区块链等现代信息技术在投融资管理及日常资本运营管理中不断渗透，智能财务决策及场景化应用的重要性日趋凸显。财务决策的大数据信息来源越发多样化，不仅涵盖了企业微观数据、行业中观数据，还包括不同地区、国家甚至全球层面的宏观数据。这要求财务管理人员必须具备信息技术应用能力，能够针对智能财务的复杂情况，恰当地选择与应用现代信息技术手段、工具和资源，采集、挖掘和筛选有助于财务决策的大数据信息，并据此进行财务分析与决策，发现、分析和解决实际问题。基于此，强化信息技术应用能力应是大数据背景下财务管理人才最基本的专业能力培养，也是财务管理课程教学的基本理念。因此，财务管理课程体系和内容必须与信息技术有机交叉融合，培养学生数字经济的业财融合思维以及数据分析与决策、机器学习与智能决策能力，注重大数据财务信息挖掘、大数据财务分析与决策、Python 在财务管理中的应用等方面的观念、知识和技能培养，提升学生使用多学科交叉知识解决复杂的财务理论和实践问题的能力。

三、与人文科学交叉融合，提升学生的人文素养底蕴

财务管理人员的专业胜任能力、管理视野、沟通交际能力、抵抗压力、正确处理商业伦理与道德范畴矛盾的能力、创新能力以及职业判断力等方面综合素养的提升，都离不开学生的人文精神底蕴。财务管理活动及其财务关系管理的专业教学，与社会责任、国计民生密不可分，这些知识点不仅蕴含着可发掘的爱国主义、社会责任、遵纪守法、时代担当等有关思政元素，还蕴含着丰富的人文教育元素。教师在教学过程中，要善于利用财务管理环境中文化环境的分析，财务决策、财务行为及其经济后果对投资者、债权人、政府、社会公众以及社会和环境的影响，并借助相关案例事件分析，引导学生保持强健体魄和健康心理，立足本土，关注国情、社情与民情，了解国际动向，进一步体会人文素养底蕴对职业行为及职业发展的影响，这对培养学生良好的人文素养和塑造学生积极向上的“三观”具有非常重要的作用。

四、设计合理的多学科交叉融合教学资源，强化学生综合能力培养

依托信息技术，以学生为中心，以多学科交叉融合的知识点为轴线，以问题为导向，融入经济政策、金融创新、税法等理论实践前沿及教改教研成果，精心设计线上教学视频、测试、作业、技能训练、案例及阅读、讨论等多元化模块，实现课程内容前后联系及与其他学科、课程之间的内在关联，并有机融入课程思政、财务、会计、金融、经济、管理、计算机、信息技术与大数据、法治与道德等学科知识，建设一定规模的动态网络课程资源库，为师生提供涵盖思政、融合多学科知识学习的第二课堂。视频教学应使用实例解析理论，更好地帮助学生消化吸收知识并应用于现实；通过讨论、辨析疑难点，提高学生的沟通表达能力；通过测试、作业和技能训练等加强式学习，及时掌握学生接受情况及应用能力，解决教与学的问题；通过真实案例及阅读，让学生从多学

科交叉融合知识的角度深度观察、思辨财务行为及后果，培养学生发现和解决复杂财务问题的能力，做到专业教学、跨专业拓展和思政教育的深度融合，提升课程的高阶性。

第三节　“大智移云”时代财务管理专业课程体系优化升级

“大智移云”时代对财务管理专业人才的知识结构、创新能力以及综合素养等都提出了较高要求。培养符合时代发展要求的创新型、应用型、复合型人才是我国高校的核心使命，通过专业课程体系的优化升级提高财务管理人才的培养质量已刻不容缓。本节结合“大智移云”的信息技术背景，从现有财务管理专业课程体系设计存在的问题出发，深入探讨“大智移云”背景下财务管理课程的设置，并提出了优化升级财务管理专业课程体系的建议。

人类社会在经历了手工劳动、机械化、电气化、自动化、信息化之后，现在已经迈入“大智移云”等新技术驱动的智能化时代。“大智移云”，即大数据、智能化、移动互联网和云计算的缩写。以大数据、云计算等为代表的新一代信息技术正以前所未有的广度和深度与经济社会的各个领域交融渗透，重塑传统产业行业布局，引发商业模式与经济活动的深刻变革。

智能化和数字化的技术革命对财务管理提出巨大挑战的同时也为财务管理提供了极好的变革和发展机遇。财务管理是一门实践性很强的学科，它是在一定的理财环境中，运用科学的方法，做出以创造财富为目标的各种企业日常运营和投融资的决策。任何经济组织都需要财务管理。随着“大智移云”时代的到来，财务处理流程正走向智能化，整个财会行业正面临“机器人”取代人工的挑战，财务工作亟须重大的改革与蜕变，这对财务人才更是提出了转型升级的要求。财务管理人才就业市场的结构性矛盾日益突出：一方面，传统的财务管理人才供给过剩；另一方面，能够提高企业综合效率和绩效的高素养、复合型、国际化高端财务管理人才严重匮乏。这就要求中国各大高校的财务管理专业在制订人才培养方案时应充分重视“大、智、移、云”新一代信息技术对专业课程设置带来的冲击，在有限的课时下设置具有前瞻性且能引领社会创新和进步的课程，以适应各行各业对财务管理人才的需求。

一、大数据背景下财务管理专业课程设置探讨

在大数据背景下，为了支撑财务管理专业创新型、应用型、复合型人才的培养，从以下几个方面对财务管理专业课程体系设置进行探讨。

（一）适当增减财务管理专业基础课和专业主干课

根据实际需求，在财务管理专业基础课中加入数据库设计、Python语言、机器学习等计算机课程，在专业主干课中加大证券投资学、财务综合案例分析、信用管理等投融资课程的比重。这一课程调整有利于扎实学生知识基础的构筑，突出新一代信息技术的应用对财务管理人才胜任能力的要求，注重培养学生跨学科综合解决实际问题的能力。

（二）构建与专业主干课相衔接的选修课体系

选修课是主干课程的必要补充和有机延伸，选修课程宜多而灵活，在学校既定修满若干学分的前提下，学生可以根据个人的爱好、特长、职业生涯规划等差异化需求自主选择学习的课程。随着社会经济和技术环境的变化，财务管理选修课体系可以适当削减金融企业会计、非营利组织会计、市场营销学等与专业联系不太紧密的课程，补充财务建模、财务共享服务、企业资源计划、金融衍生工具等选修课程，逐步构建体现经济技术环境变迁、与专业主干课相衔接的选修课体系，培养创新型、应用型、复合型人才，提升学生的软实力。

（三）构建多层次财务管理实践教学体系

财务管理专业有极强的实践性和操作性，财务管理人才应具备的各项能力需要在实践教学中不断强化提升。构建多层次财务管理实践教学

体系，首先要以专业实践教学课程为中心，包括单项财务管理基础实验和综合专业实验，可以设置会计模拟实验、ERP沙盘模拟实验、财务分析、大数据实战等；其次辅助创新创业实践教学课程，引导学生积极参与学术沙龙、创新创业大赛、相关学科竞赛、注册会计师考试等第二课堂活动，多方位提高学生对知识的应用能力、综合处理问题的能力、对接社会的能力；最后加强校外实习，校外实习包括学生到实习基地实习和单位实习等，合作共赢是校企合作的基础，校外实习基地的建设不仅为师生提供了锻炼机会和搭建了科研平台，而且为企业发展提供了持续的人才支持。

二、财务管理专业课程体系优化的建议

人才培养是一个持续优化的动态过程。在“大智移云”的智能化时代背景下，各大高校的财务管理专业课程设置应按培养目标整合课程体系，构建具有科学性、实用性和超前性的财务管理专业课程体系，使培养的人才不仅掌握本专业系统知识和各项技能，还具有持续学习和开拓创新能力等综合素质。

（一）借助“互联网＋”、大数据实现专业课程的升级改造

通过与财务软件企业、证券金融企业、财务培训机构及事务所等企业合作共建的方式，利用不同合作企业的优势资源和新一代信息技术来升级改造与完善财务管理专业核心课程，建立一个基于“互联网＋”与大数据的财务管理专业核心课程群。在突出财务管理专业特色的同时，以创建精品课程为核心，建立基于MOOC（大型开放式网络课程）及SPOC（小规模限制性在线课程）平台的优质教学资源库，为教师和学生提供专业课程所需的网络教学平台及教学资源（包括视频、多媒体教案、课件、试题库等），逐步实现专业课程的教学方式改革，提高课程的教学效果。

（二）重视财务智能化、国际化教育

随着“大智移云”智能化时代的到来，企业逐渐重视财务管理的智

能化，这就要求各大高校在财务管理课程设置上要加大计算机应用能力的培养，在传统财务管理课程中植入信息技术类课程，形成“互联网＋大数据＋财务管理”的模式。比如可以开设财务建模、数据库设计、Python 语言、Excel 应用、大数据实战等课程，通过多学科结合，将传统静态财务分析拓展到动态可视化的数据挖掘，培养出既懂财务知识又懂计算机知识的复合型、应用型人才。

在经济全球化背景下，国际商务交流与合作已全方位展开，企业的生产、经营、销售国际化程度越来越高，越来越多企业的财务管理模式与国际财务管理模式趋同，对跨国公司财务知识的学习显得尤为重要。这就要求学校将国际财务管理的知识融入课程体系中，比如开设双语课程、引入海外知名教材、鼓励学生到海外名校交流学习等，使学生在学习专业知识的同时提高英文沟通能力，成为具有跨文化商务沟通能力的国际化复合型人才。

（三）强化专业课程“课证融合”的力度

财务管理是一门操作性极强的学科，而获得相关职业证书可以体现出学生一定的实际操作能力。在学生入学时学校要帮助其做好人生职业规划，鼓励学生报考注册管理会计师、注册会计师、税务师、理财规划师、资产评估师等资格考试，以提高竞争力。培养方案中要加大专业课程“课证融合”的力度，一些相似度高的专业选修课可以考虑采用“以证代考”的考核方式，缓解学生的学习和就业压力。

（四）加强财务管理专业实践教师队伍建设

理论教学环节的质量高低主要取决于授课教师是否具有丰富的学科知识，而实践教学环节的质量高低则在很大程度上依赖于授课教师是否具有丰富的实际财务工作经验。为了加强财务管理专业实践教师队伍建设，可以从以下两个方面着手。

1. 自己培养

制定相关制度，鼓励校内担任实践课程教学任务的教师参加进修、培训，或到上市公司、税务部门等进行工作交流，通过在相关岗位上的实践锻炼和承接校企合作课题等方式不断提升教师的实践教学能力。

2. 外部引进

聘请一批有实际工作经验的优秀兼职导师，如上市公司的财务总监、总会计师、银行行长、会计师事务所合伙人等，定期给学生开展专题讲座或指导学生实习。

从财务管理专业的发展来看，随着“大智移云”等智能化信息技术的发展，财务管理的服务对象、服务领域、工作模式、工作职能等都已发生质的变化，从较少的财务信息处理逐步发展为多方位、复杂、海量的财务信息处理；从价值记录转向价值创造；财务关注的重点从核算转向管理和战略制定。财务管理专业课程体系设计也应顺势而为，从而保证高校教育的先进性和前瞻性，体现本科教育的实用性和高水平，使学生真正获得市场的认可。

参考文献

[1]鲍新中,张玲娜,徐鲲.财务管理专业思政建设成果汇编[M].北京:经济管理出版社,2021.

[2]陈文涓,温韵柔,郑伟健.财务管理教学案例[M].广州:华南理工大学出版社,2019.

[3]高云进,董牧,施欣美.大数据时代下财务管理研究[M].长春:吉林人民出版社,2021.

[4]姬潮心,王媛.大数据时代下的企业财务管理研究[M].北京:中国水利水电出版社,2018.

[5]金宏莉,曾红.大数据时代企业财务管理路径探究[M].北京:中国书籍出版社,2021.

[6]李艳华.大数据信息时代企业财务风险管理与内部控制研究[M].长春:吉林人民出版社,2019.

[7]潘栋梁,于新茹.大数据时代下的财务管理分析[M].长春:东北师范大学出版社,2017.

[8]宋振水."互联网+"视域下的高校财务管理创新研究[M].西安:陕西科学技术出版社,2022.

[9]孙玲.大数据时代职业院校会计人才培养模式的改革与创新[M].北京:中国纺织出版社,2021.

[10]王利敏.大数据时代背景下企业财务管理变革[M].北京:中国商业出版社,2021.

[11]王小沐,高玲.大数据时代我国企业的财务管理发展与变革[M].长春:东北师范大学出版社,2017.

[12]魏静.财务管理案例[M].昆明:云南大学出版社,2022.

[13]辛妍.新时期高校财务管理与审计[M].北京:新华出版社,2022.

[14]张奇.大数据财务管理[M].北京:人民邮电出版社,2019.

[15]张亚娜.双创时代下应用型本科实践教学体系研究:以财务管理专业为例[M].北京:中国纺织出版社,2020.

[16]张卓.财务会计教学案例[M].广州:华南理工大学出版社,2018.

[17]罗喆.应用型本科院校财务管理专业实践教学改革研究[J].现代营销(经营版),2018(11):239—240.

[18]王琼.基于职业能力和伦理导向的财务管理专业实践教学改革研究[J].科学咨询(教育科研),2019(7):65—66.

[19]王晔.实践能力培养背景下财务管理教学改革研究[J].现代经济信息,2019(21):214.

[20]姚琼.大数据背景下财务管理课程教学改革研究[J].营销界,2021(28):57—58.

[21]张首楠.基于“教、学、做”一体化的高职财务管理教学改革探讨[J].商业会计,2011(5):79—80.